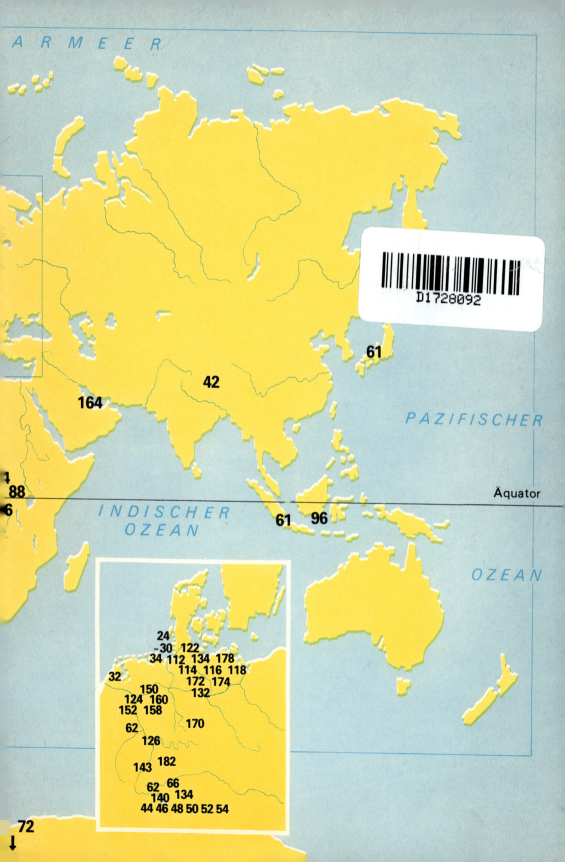

TERRA **GEOGRAPHIE 5. und 6. Schuljahr, Ausgabe B**

Herausgegeben und bearbeitet von
Prof. Dr. Arnold Schultze, Lüneburg
Prof. Dr. Jürgen Bünstorf, Münster
Sonderschullehrer Dipl.-Päd. Wolfgang Jans, Suhlendorf
Realschullehrer Rolf Koch, Landstuhl
Prof. Dr. Eberhard Kroß, Bochum
Realschullehrer Ulrich Schröder, Clenze
Studiendirektor Dr. Christoph Stein, Wolfsburg

unter Mitwirkung der Verlagsredaktion „Geographie,
Geschichte, Politische Bildung"
Mitarbeit an diesem Werk: Frithjof Altemüller, Verlagsredakteur

auf der Grundlage des Bandes Geographie 5/6, Ausgabe A,
herausgegeben von L. Buck, M. König, K. Mayer †, A. Schultze und A. Vogel

Zeichenerklärung
☐   Hier beginnt ein neuer Gedankengang
∞   Über diese Aufgabe sollte in der Klasse diskutiert werden.
(14) Diese Zahl in Klammern hinter einem Zitat weist auf den Quellennachweis im Anhang hin.

---

1. Auflage

Alle Drucke dieser Auflage können im Unterricht nebeneinander benutzt werden. Die letzte Zahl bezeichnet das Jahr dieses Druckes.
© Ernst Klett, Stuttgart 1981. Nach dem Urheberrechtsgesetz vom 9. September 1965 i. d. F. vom 10. Nov. 1972 ist die Vervielfältigung oder Übertragung urheberrechtlich geschützter Werke, also auch der Texte, Illustrationen und Graphiken dieses Buches, nicht gestattet. Dieses Verbot erstreckt sich auch auf die Vervielfältigung für Zwecke der Unterrichtsgestaltung – mit Ausnahme der in den §§ 53, 54 URG ausdrücklich genannten Sonderfälle –, wenn nicht die Einwilligung des Verlages vorher eingeholt wurde. Im Einzelfall muß über die Zahlung einer Gebühr

1 5 4 3 2 1 | 1985 84 83 82 81

für die Nutzung fremden geistigen Eigentums entschieden werden. Als Vervielfältigung gelten alle Verfahren einschließlich der Fotokopie, der Übertragung auf Matrizen, der Speicherung auf Bändern, Platten, Transparenten oder anderen Medien.
Mit 196 Fotos, 108 Zeichnungen und Diagrammen, 70 Karten und Plänen und 27 Tabellen.
Zeichnungen und Karten: H. Bauer, G. Bosch, H. Horn, R. Hungreder, J. Krüger, U. Mucks, W. Rieck, U. Schröder, G. Wustmann
Einbandentwurf: Hitz und Mahn, Stuttgart
Fotosatz und Druck: Ernst Klett, Stuttgart
ISBN 3-12-284100-2 (Linson)
ISBN 3-12-284180-0 (kartoniert)

Eine Vorinformation — auch für Schüler und Eltern

Dieses Buch soll nicht von der ersten bis zur letzten Seite durchgearbeitet werden! Die Kapitel und Aufgaben des Buches sind vielmehr ein großes Angebot, aus dem der Lehrer auswählen muß. Er wird sich dabei nach seinen Schülern und nach den geltenden Lehrplänen richten. Sehr gewissenhaft muß er die Lernziele prüfen, die in dem Lehrerband „Elemente zur Unterrichtsplanung" für jedes Kapitel angegeben sind; es ist eine entscheidende Frage, ob er bereit ist, sich diese Ziele zu eigen zu machen. Guter Geographieunterricht sollte sich auch nicht nur auf das Lehrbuch stützen, sondern noch folgende Möglichkeiten berücksichtigen:
1. Beispiele aus der jeweiligen Nähe müssen hinzukommen. Sie beeinflussen auch die Auswahl und Anordnung der übrigen Themen. Es ist für den Geographieunterricht ein Unterschied, ob die Schule in einer Großstadt oder in einem ländlichen Mittelpunkt, an der Küste oder im Gebirge liegt.
2. Lehrer und Schüler sollten von Zeit zu Zeit aktuelle Themen aufgreifen und z. B. Informationen über Länder sammeln, die gerade im Brennpunkt des weltpolitischen Interesses stehen.
3. Selbstverständlich muß immer wieder mit Atlaskarten gearbeitet werden. Wenn Schüler der 6. Klasse nicht mühelos Berlin oder Kairo, Japan oder Alaska im Atlas finden können oder wenn Schüler der 8. Klasse Schwierigkeiten haben, mit Hilfe der Klimakarte das Klima von London oder Rio zu bestimmen, dann fehlt die Übung, dann ist es Zeit für ein flottes, sportmäßiges Atlastraining. Die „Blauen Seiten" geben viele Anregungen.

Das Angebot des Buches

Viele Kapitel und Aufgaben sind so gestaltet, daß die Schüler zehn Minuten, zwanzig Minuten oder länger selbständig arbeiten können. Das gelingt nicht in einem Unterricht, der den Schülern nur kleinste Zwischenschritte überläßt, während der Lehrer (oder das Buch) ständig im Mittelpunkt steht und das Ergebnis erst am Schluß „verraten" wird. Am besten dürften solche Kapitel einem modernen Geographieunterricht entsprechen, in denen das, was gelernt werden soll, ohne Umschweife genannt und dann von den Schülern in Anwendungsaufgaben erworben wird. „Gedächtniswissen" genügt uns nicht; wichtig ist „Anwendungswissen", das sich auch außerhalb der Schule im häufigen Einsatz bewähren kann.

TERRA

GEO GRAPHIE
5/6
AUSGABE B

KLETT

Inhalt

Arbeit mit Globus und Karte 4
Die Erde ist eine Kugel 6
Kolumbus 8
Die Erde im Gradnetz 10
Übungen an Globus und Weltkarte ... 12
Wie man sich nach den Himmelsrichtungen orientiert 13
Schüler zeichnen ihren Schulweg..... 14
Karte und Luftbild 16
Höhen und Höhenlinien 18
Wir messen und rechnen mit dem Maßstab 20

Am Meer 22
Sturmflut 24
Wurten und Deiche 26
Halligen 28
Neues Land aus dem Meer 30
Küstenschutz und Neulandgewinnung in den Niederlanden 32
Badeferien auf einer Nordseeinsel..... 34
Fischfang auf hoher See 36

Im Hochgebirge 40
Zu den Gipfeln der Erde 42
Wandern in den Bergen 44
Die Wetterstation auf der Zugspitze ... 46
Höhenstufen in den Alpen 48
Vier Jahreszeiten auf der Alm 50
Lawinen 52
Verkehrswege über die Alpen 54

Vulkane und Erdbeben 56
Vulkanausbruch 58
Schichtvulkane und Schildvulkane 60
Gibt es Vulkane auch in Deutschland?. 62
Erdbebenhilfe für Norditalien 64
Wo wird es das nächste Erdbeben geben? 66

Wo die Kälte regiert 68
Wettlauf zum Südpol 70
Forschungsstationen im Eis 72
Polartag und Polarnacht 74
Wie die Eskimos früher gelebt haben .. 76
Die Lebensweise der Eskimos verändert sich 78
Nahrung aus dem Südpolarmeer 80

Im Tropischen Regenwald 82
Wälder bei uns und am Äquator 84
Holzfäller im Regenwald 86
Ein Tag im Tropischen Regenwald.... 88
Hackbauern in Nigeria 90
Kakaobauern in Ghana 92
Pygmäen 94
Gefährliche Mücken und Fliegen 96

In der Wüste 98
Mit dem Auto in die Sahara 100
Rätsel der Wüste 102
Oasen 104
Nomaden in Nordafrika 106
Aus Wüste wird Ackerland: Libyen und Kalifornien 108

Schiffahrt und Häfen 110
Frachter löschen ihre Ladungen 112
Hafen Hamburg 114
Kleine und große Seeschiffe 116
Seehäfen 118
Kanäle für Seeschiffe.............. 122
Binnenhafen Duisburg 124
Flughafen Frankfurt 126

Landwirtschaft in Deutschland..... 130
Zuckerrüben und Weizen aus den Börden 132
Viehbauern in Eiderstedt und im Allgäu 134

Wir erkunden einen Bauernhof 138
Gemüse von der Insel Reichenau 140
Bei Weinbauern an der deutschen
Weinstraße 143
Apfelsinen aus Valencia 146

Weiteres Kartentraining nach Bedarf

Schätze der Erde — Bergbau und Industrie 148
- Im Steinkohlenbergwerk 150
- Braunkohlen-Tagebau in der Ville 152
- Eisenerz aus Kiruna 154
- Vom Eisenerz zum Stahl: Hüttenwerke im Ruhrgebiet 158
  In einer Autofabrik 160
  Erdöl – vom Bohrloch zum Verbraucher 162
  Erdöl, ein wichtiger Rohstoff 166

Stadt und Land 168
Wie unsere Städte entstanden sind 170
Städte und Dörfer wachsen 172
Zwei Wohnviertel 174
Ein Puzzle 176
Mit dem Stadtplan in Hamburg 178
Verkehr zwischen Stadt und Land 180
Stebbach war einmal ein Bauerndorf . . 182

Die Blauen Seiten 184
Deutschland früher und heute 186
Vom Tiefland bis zu den Alpen 188
Erdteile und Meere, Flüsse und Inseln   190
Die Erde: Staaten und Städte 192

Anhang
Sachverzeichnis 194
Quellennachweis 196
Bildnachweis 196

Arbeit mit Globus und Karte

6 Die Erde ist eine Kugel

8 Kolumbus

10 Die Erde im Gradnetz

12 Übungen an Globus und Weltkarte

13 Wie man sich nach den Himmelsrichtungen orientiert

14 Schüler zeichnen ihren Schulweg

16 Karte und Luftbild

18 Höhen und Höhenlinien

20 Wir messen und rechnen mit dem Maßstab

Unsere Erde ist eine Kugel. Das weiß heute wohl jeder Schüler. Aber seit wann wissen das die Menschen? Wer hat als erster die ganze Erde umfahren? Welche Ozeane muß man überqueren, um die fremden Erdteile zu erreichen? Welcher Stern steht immer im Norden? Warum haben wir auf der Erde Tag und Nacht? Das alles lernt ihr auf den folgenden Seiten. Und immer gehören Globus und Weltkarte dazu.
Wenn wir uns aber in der Nähe unseres Wohnortes oder Urlaubsortes zurechtfinden wollen, dann brauchen wir ganz andere Karten: Karten von kleineren Gebieten, viel genauer gezeichnet. Auch solche Karten werdet ihr kennenlernen.

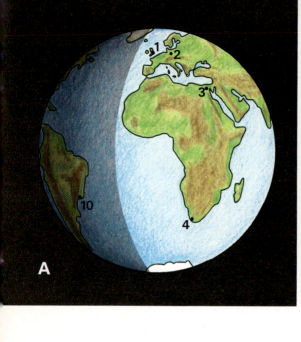
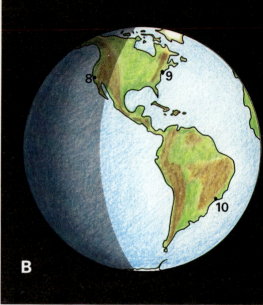

A B

Die Erde ist eine Kugel

Die Sonne beleuchtet immer nur eine Hälfte der Erdkugel – hier ist es Tag. Auf der anderen Hälfte ist es zu dieser Zeit dunkel – dort ist es Nacht.

1 Stellt in eurem verdunkelten Klassenzimmer einen Globus auf. Der Projektor liefert das „Sonnenlicht" (Bild unten). Zeigt die Tagseite und die Nachtseite der Erde.

2 Heftet ein kleines Stück Papier auf den Globus an der Stelle, wo euer Schulort liegt. Nun dreht den Globus langsam um seine

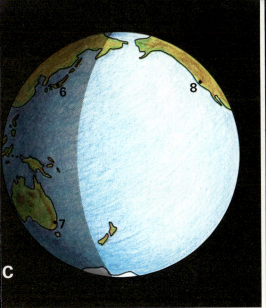
C

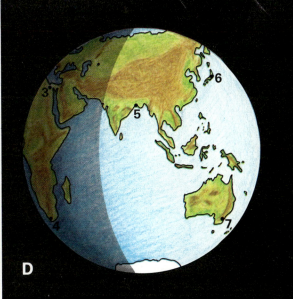
D

eigene Achse. Sprecht dann über eure Beobachtungen.

3 Die Bilder A bis D (oben) zeigen viermal die Erdkugel. Doch die Bilder sind verschieden. Wie ist das zu erklären?

4 Schreibe auf: In Bild A erkenne ich die Erdteile Afrika, Europa, einen Teil von Asien. In Bild B erkenne ich ... (Die Weltkarte unten hilft dir dabei.)

5 Bestimme ebenso die Ozeane: Bild A: Atlantischer Ozean und Indischer Ozean ...

6 Zehn große Städte sind auf den Bildern mit Nummern versehen. Wie heißen sie? Auch hierbei hilft dir die Weltkarte.

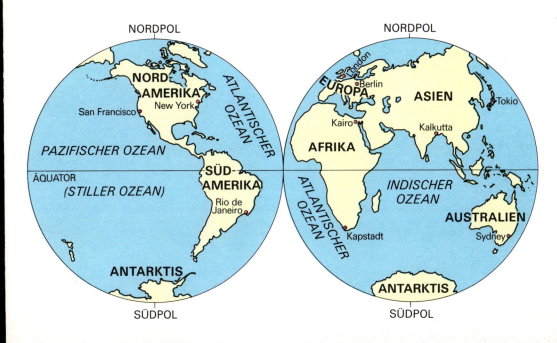

Kolumbus

∞ **1** Kolumbus wollte den Weg nach Indien finden, indem er **nach Westen** segelte. Aber jedermann wußte: Indien ist ein Teil Asiens, und Asien liegt **östlich** von Europa. Wie kam Kolumbus auf den Gedanken, Indien im Westen zu suchen?

2 Heute noch heißen die Eingeborenen Amerikas **Indianer**. Die Inseln zwischen Nord- und Südamerika werden **Westindische Inseln** genannt. Erkläre diese Namen.

3 Welchen Ozean konnte Kolumbus noch nicht kennen?

4 Erst 1498 erreichte ein europäischer Seefahrer Indien auf dem Seeweg: Vasco da Gama. Er segelte im Auftrage des Königs von Portugal um Afrika herum. Zeige seinen Weg auf dem Globus und auf der Weltkarte.

Die Santa Maria und ein moderner Tanker

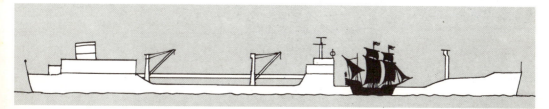

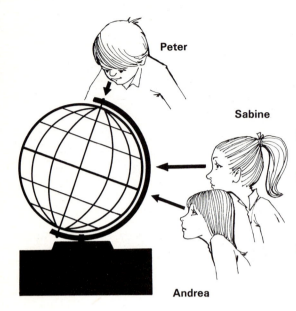

Die Erde im Gradnetz

Peter, Sabine und Andrea betrachten den Globus aus verschiedenen Richtungen.

1 Schreibe auf: Peter sieht den Globus wie in Bild ... Sabine sieht den Globus wie in Bild ... Andrea ...

2 Schreibe drei Sätze:
... kann nur die Nordhalbkugel sehen.
... sieht von beiden Halbkugeln gleich viel.
... sieht mehr von der Nordhalbkugel als von der Südhalbkugel.

3 Wie heißen die Linien, die vom Nordpol zum Südpol verlaufen? Und wie heißen die Linien, die in der gleichen Richtung wie der Äquator verlaufen?

Diese Linien nennt man das **Gradnetz** der Erde.

 10

Bild A

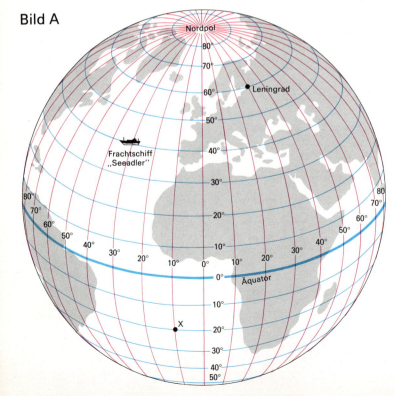

Das Gradnetz

blau = Breitenkreise
rot = Längenkreise
(Meridiane)
Ein paar Beispiele:
Leningrad liegt 60° N und 30° O (sprich: 60 Grad Nord und 30 Grad Ost).
Frachtschiff Seeadler befindet sich auf Punkt 40° N und 30° W.

4 Und wie heißt die Angabe für Punkt X?

Bild B

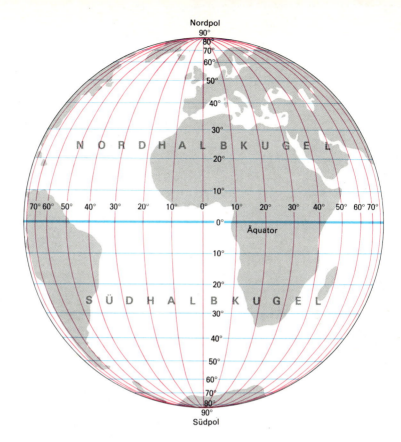

Bild C

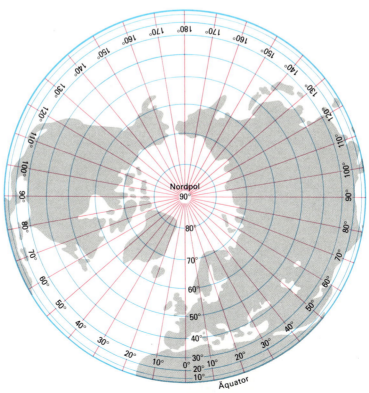

Übungen an Globus und Weltkarte

Kolumbus war aufgebrochen, einen Weg nach Indien zu finden. Bis zu seinem Lebensende glaubte er daran, dieses Ziel erreicht zu haben. Statt dessen hatte er einen neuen Erdteil entdeckt: Amerika. Aber war die Erde nun wirklich eine Kugel? Noch nie war ein Schiff um den ganzen Erdball gesegelt. So fehlte der Beweis immer noch.

6. September 1522. Ein beschädigtes Schiff läuft in den Hafen der spanischen Stadt Sevilla ein. 18 zerlumpte Männer, erschöpft und halbverhungert, sind an Bord. Der Kapitän läßt dem König melden: „Wir haben das ganze Rund der Erde umsegelt. Nach Westen sind wir abgefahren und aus dem Osten wiedergekehrt." Drei Jahre vorher hatte diese Reise begonnen – mit fünf Schiffen und 260 Mann Besatzung! Ihr Anführer: Ferdinand Magellan, ein Portugiese in spanischen Diensten. Magellan selbst war unterwegs im Kampf mit Eingeborenen ums Leben gekommen.

① Zeigt auf Globus oder Weltkarte den Weg, den Magellan gefahren sein könnte.

② Welche Ozeane wurden auf Magellans Reise durchquert? Schreibe die Namen auf.

③ Magellans größtes Problem war: Gibt es eine Verbindung zwischen dem Atlantischen und dem Pazifischen Ozean?
Er fuhr an der Küste Südamerikas entlang, um eine Durchfahrt zu suchen. Weit im Süden entdeckte er schließlich eine Meeresstraße. Sie trägt heute noch seinen Namen: Magellan-Straße. Suche sie auf der Weltkarte und auf dem Globus.

④ Wer heute die Welt umsegeln will, kann die großen Umwege um Südamerika und Afrika herum sparen. Zwei Kanäle kürzen den Weg ab: der Panamakanal und der Suezkanal. Zeichne auf Transparentpapier eine einfache Weltkarte und trage mit verschiedenen Farben ein: Magellans Reiseweg und den Weg eines Schiffes, das heute die Erde umfährt.

⑤ Ein Flugzeug umfliegt die Erde genau auf dem Äquator. Verfolge seinen Flug auf dem Globus und schreibe auf, welche Erdteile und Ozeane überquert werden. Beginne an der Westküste Afrikas.

⑥ Eine ganz verrückte Weltkarte hat der Zeichner entworfen (links). Erkennst du die Erdteile trotzdem wieder? Du mußt das Buch etwas drehen. Schreibe auf:
Nr. 1 ist . . .,
Nr. 2 ist . . .

⑦ Mit Hilfe dieser Zeichnung ist es möglich, die Erdteile nach der Größe zu ordnen.

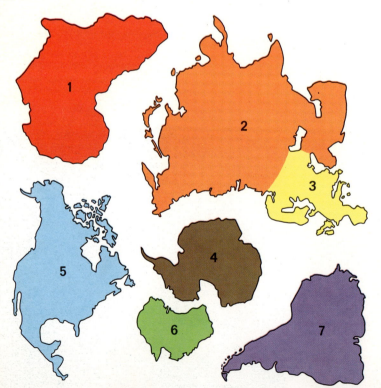

Wie man sich nach den Himmelsrichtungen orientiert

Wie man den Kompaß auch dreht – die Nadel zeigt immer nach Norden. Diese magnetische Nordrichtung weicht etwas von der wahren Nordrichtung ab. Bei uns muß die Nadelspitze etwas links vom Buchstaben N stehen.

Der magnetische Pol liegt fast 2000 km vom Nordpol entfernt. Deswegen zeigt die Magnetnadel nicht genau nach Norden.

① Geht mit dem Kompaß hinaus und bestimmt die Himmelsrichtungen.
② Schreibe auf: Wenn ich nach N blicke, habe ich rechts O und links W. Wenn ich nach O (S, W) blicke ...
③ Auch mit Armbanduhr und Sonne kannst du die Himmelsrichtungen finden. Mittags steht die Sonne im Süden. Zu den anderen Tageszeiten läßt sich S so bestimmen:
— Lege das Zifferblatt waagerecht.
— Drehe die Uhr so, daß der kleine Zeiger in Richtung Sonne weist.
— Genau die Mitte zwischen dem kleinen Zeiger und der 12 ist nun Süden (s. Bild).
— Zeige nun N, O und W.
④ Der Polarstern steht fast genau im Norden. Die Skizze zeigt, wie du ihn finden kannst.
⑤ Bei alten Kirchen steht der Turm meistens im Westen. Überprüft das an Kirchen eures Dorfes oder eurer Stadt.

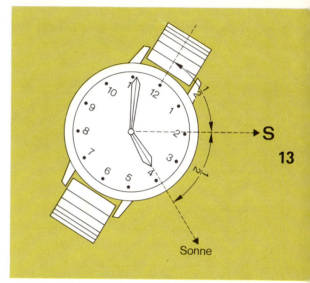

13

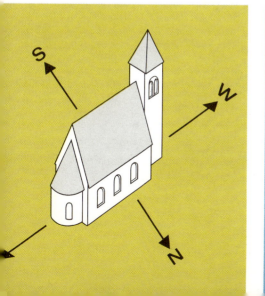

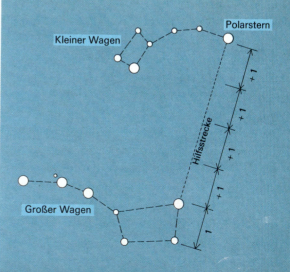

Schüler zeichnen ihren Schulweg

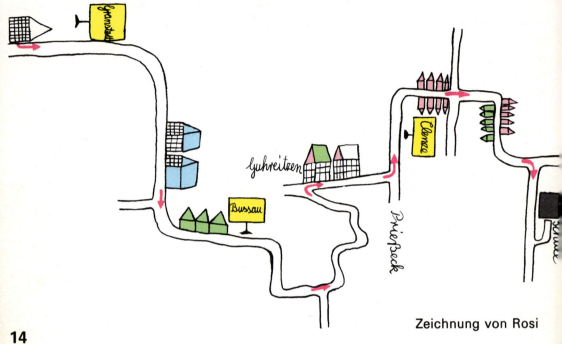

Zeichnung von Rosi

14

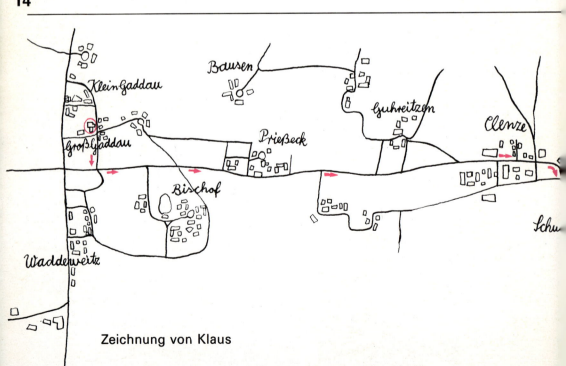

Zeichnung von Klaus

Rosi und Klaus sind Schüler der Klasse 5. Sie fahren täglich nach Clenze zur Schule. Sie haben versucht, ihre Schulwege aus dem Gedächtnis aufzuzeichnen.

1 Worin unterscheiden sich die beiden Zeichnungen?

2 Auf dieser Seite steht eine genaue Landkarte. Darauf kannst du die Schulwege von Rosi und Klaus wiederfinden.

3 Landkarten sind gewöhnlich so gezeichnet, daß der obere Kartenrand nach Norden weist. Wir sagen: Die Karte ist „genordet". Haben Rosi und Klaus ihre Zeichnungen auch genordet?

4 Zeichne nun deinen eigenen Schulweg aus dem Gedächtnis. Die Zeichnung muß so genau sein, daß ein Fremder danach den Weg von deinem Wohnhaus zu deiner Schule finden kann.

Ausschnitt aus der Topographischen Karte 1 : 50 000, Blatt 3130 und 3132

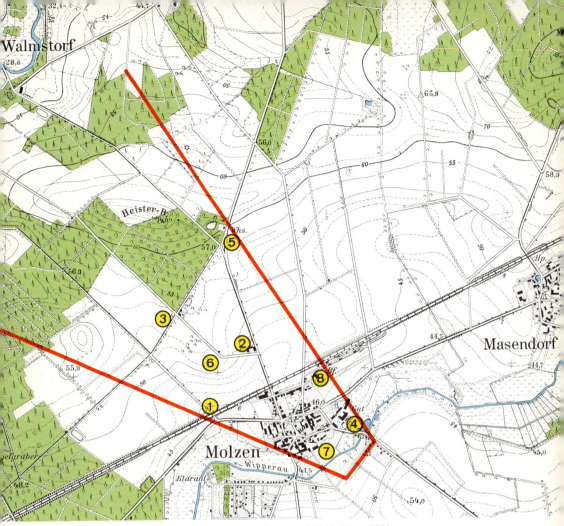

Ausschnitt aus der Topographischen Karte 1 : 25 000, Blatt 2929

16

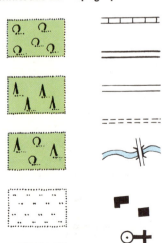

Karte und Luftbild

Das Luftbild zeigt ein kleineres Gebiet als die Karte. Dieser Ausschnitt ist auf der Karte durch die roten Linien abgegrenzt.

1 Auf der Karte stehen die Ziffern 1 bis 8, auf dem Luftbild die Buchstaben A bis H. Welche gehören zusammen? Schreibe auf: Ziffer 1 auf der Karte = Buchstabe D auf dem Luftbild. Ziffer 2 ...

2 Mit Hilfe des Luftbildes kannst du die meisten Kartenzeichen selbst erklären. Links stehen dreizehn Kartenzeichen. Zeichne sie ab

Luftbild Molzen

und schreibe die Erklärung dahinter: Laubwald
usw.

Übrigens: Das Kartenzeichen für Ackerland fehlt. Kannst du es selbst zeichnen?

3 Auf einem Luftbild ist manches besser zu erkennen als auf einer Karte. Nenne wenigstens drei Einzelheiten, die das Luftbild zeigt, die aber auf der Karte fehlen.

4 Manche Dinge sind jedoch auf der Karte besser zu erkennen. Ein Beispiel: Auf dem Foto siehst du ein großes Gebäude gleich neben dem Fluß (rechts vorn). Erst die Karte verrät dir durch ein bestimmtes Zeichen, daß es sich um eine Wassermühle handelt. Findest du das Zeichen?
Nenne drei weitere Dinge, die wir nur auf der Karte gut erkennen können.

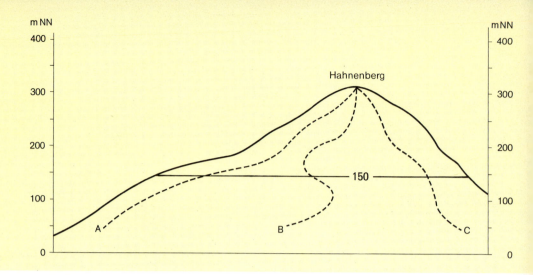

Höhen und Höhenlinien

1 Das Schild auf dem Foto steht an einer Straße im Harz. Was bedeutet die Abkürzung „NN"? Die kleine Zeichnung unten hilft dir.

2 Gib für den Ort Talhausen und für den Rehberg die **Höhe** an.

3 Ein Wanderer steigt von Talhausen auf den Rehberg. Welchen **Höhenunterschied** muß er überwinden?

4 Präge dir einige Höhenangaben fest ein. Dann hast du immer eine Vergleichsmöglichkeit.

Schreibe auf:

Mein Wohnort liegt	… m NN
Unsere Schule liegt	… m NN
Höchster Berg der Alpen:	
Montblanc	4 807 m NN
Höchster Berg der Erde:	
Mount Everest	8 848 m NN
Ein Berg in unserer Nähe: …	… m NN

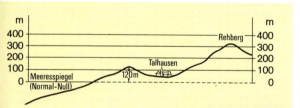

5 Drei Wanderer (A, B und C) besteigen auf verschiedenen Wegen den Hahnenberg (Skizze oben).
— Zeichne die Skizze oben auf Transparentpapier durch.
— Zeichne auf jeden Weg ein kleines Kreuz, wo die Wanderer eine Höhe von 150 m NN erreicht haben. Die waagerechte Linie, die dort eingezeichnet ist, nennt man eine **Höhenlinie**.
— Zeichne in der gleichen Weise die Höhenlinien 200 m, 250 m und 300 m.

6 Stelle dir vor, man hätte die 150 m-Höhenlinie am Hahnenberg mit einem dicken Kreidestrich markiert. Wie würde man diese Linie von einem Hubschrauber aus sehen? Die Skizze auf der nächsten Seite oben zeigt es dir. Zeichne sie auf Transparentpapier durch und trage auch die Höhenlinien 200 m, 250 m und 300 m ein.

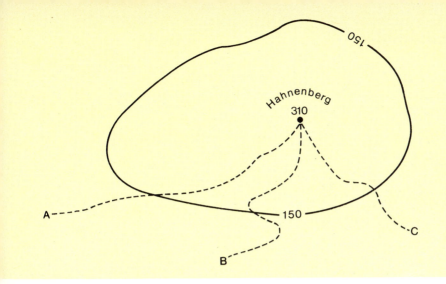

7 Die Karte unten enthält nur Höhenlinien und Bachläufe. Vier Punkte sind mit Buchstaben bezeichnet. Welches ist der höchste, welches der tiefste Punkt?

8 Schreibe auf: Punkt A liegt ... m NN, Punkt B liegt ...

9 Ein Wanderer geht von B nach C auf kürzestem Wege. Geht er bergauf oder bergab?

10 Berechne die Höhenunterschiede zwischen C und D, D und A, A und B.

Nach der Topographischen Karte 1 : 25 000, Blatt 3925

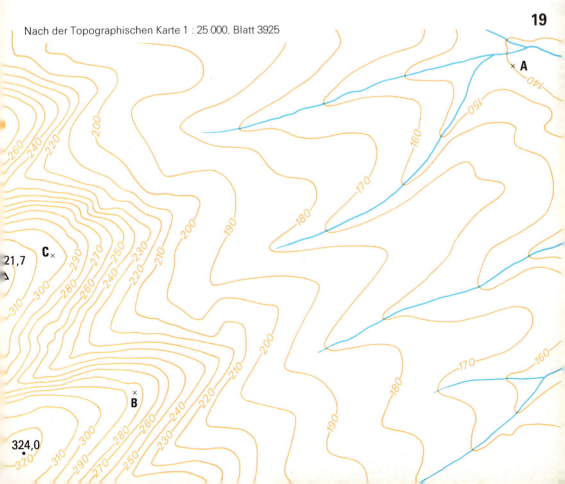

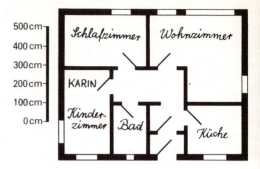

Wir messen und rechnen mit dem Maßstab

☐ Andreas hat einen Grundriß von seinem Zimmer gezeichnet. Natürlich mußte er alles **verkleinert** darstellen. Ein Zentimeter in seiner Zeichnung bedeutet in Wirklichkeit hundert Zentimeter.
Wir sagen: Die Zeichnung hat den **Maßstab** eins zu hundert.
Und so schreibt man das: Maßstab 1 : 100.

1 Miß in der Zeichnung und rechne: Wie lang ist das Bett in Wirklichkeit? Wie breit ist der Schreibtisch? Wie lang und wie breit ist das Zimmer?

2 Zeichne einen Grundriß von deinem Zimmer im Maßstab 1 : 100.

3 Karin hat ihre ganze Wohnung gezeichnet (oben rechts). Schreibe auf: 1 cm in Karins Zeichnung bedeutet … cm in Wirklichkeit; also hat die Zeichnung den Maßstab ……

☐ **Landkarten** sind viel stärker verkleinert. Die Karte auf der rechten Seite oben hat den Maßstab 1 : 25 000. Das bedeutet: Die Strecke A–B ist auf der Karte 1 cm lang, in Wirklichkeit aber 25 000 cm; das sind 250 m.

4 Zeichne die Tabelle ab und fülle sie aus:

Strecke	auf der Karte (gemessen)	in Wirklichkeit (gerechnet)
A–B	1 cm	25 000 cm = 250 m = ¼ km
C–D	?	?
E–F	?	?
G–H	?	?

5 Bisher hast du immer die kürzeste Verbindungslinie zwischen zwei Punkten (**Luftlinie**) gemessen. Für einen Autofahrer oder Wanderer ist aber die **Straßenentfernung** wichtiger. Miß auf der oberen Karte die Straßenentfernung von E nach F. Du mußt mehrere Teilstücke messen und zusammenzählen (auf Millimeter genau!). Vergleiche das Ergebnis mit der Luftlinie E–F.

6 In der unteren Karte findest du viele Einzelheiten, die auch in der oberen Karte enthalten sind; und doch stimmen die beiden Karten nicht überein. Nenne Unterschiede.

7 Die Strecken C–D, E–F und G–H sind auch in der unteren Karte eingezeichnet. Miß und vergleiche mit den Ergebnissen von Aufgabe 4.

8 Der Maßstab der unteren Karte ist 1 : 100 000. Das heißt: 1 cm auf der Karte sind in Wirklichkeit 100 000 cm = 1 000 m = 1 km. Miß die Strecke K–L und berechne ihre wirkliche Länge.

9 Die Entfernung zwischen zwei Punkten beträgt 12 km. Wie lang wäre diese Strecke auf einer Karte im Maßstab 1 : 100 000? Und wie lang wäre sie beim Maßstab 1 : 50 000?

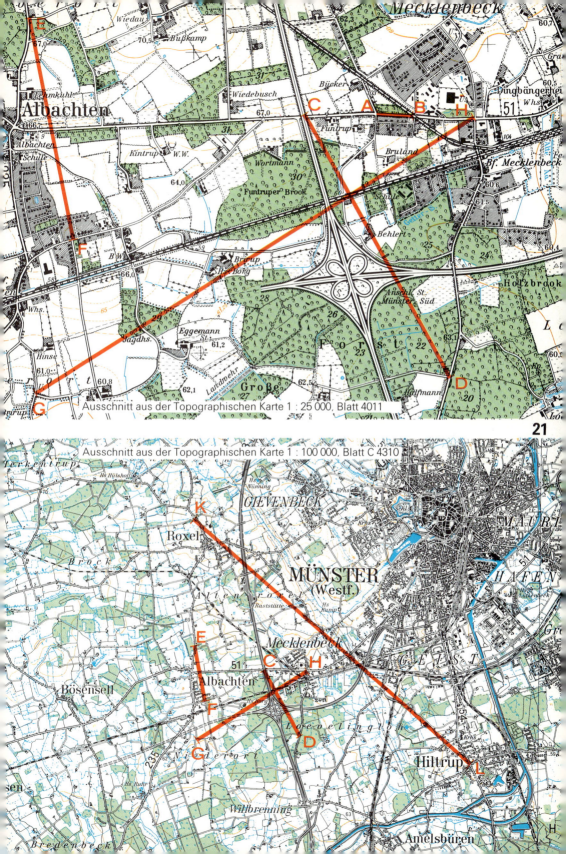

Ausschnitt aus der Topographischen Karte 1 : 25 000, Blatt 4011

Ausschnitt aus der Topographischen Karte 1 : 100 000, Blatt C 4310

22

Am Meer

24 Sturmflut

26 Wurten und Deiche

28 Halligen

30 Neues Land aus dem Meer

32 Küstenschutz und Neulandgewinnung in den Niederlanden

34 Badeferien auf einer Nordseeinsel

36 Fischfang auf hoher See

Kennst du die Nordsee? Sie hat ganz verschiedene Seiten. Hier sind zwei Durchsagen:
„Meine Damen und Herren, hier spricht der Kapitän! Wir haben in wenigen Minuten unser Reiseziel Helgoland erreicht. Bitte machen Sie sich bereit zum Ausschiffen. Wenn Sie den Anweisungen unseres Personals folgen, ist alles ganz ungefährlich. Wir wünschen Ihnen einen angenehmen Tag auf Helgoland."
„Und nun bittet das Seewetteramt Hamburg um Ihre Aufmerksamkeit: Achtung! Sturmflutwarnung für die gesamte deutsche Nordseeküste. Das Abendhochwasser wird 3,50 m über dem mittleren Hochwasser erwartet. Bitte achten Sie auf weitere Durchsagen."

Deichbruch

Ein Deich wird repariert
Rettung der vom Wasser eingeschlossenen Menschen

Sturmflut

**Norddeutscher Rundfunk,
3. Januar 1976, 7 Uhr:**
„... Und nun bittet das Seewetteramt Hamburg um eine Durchsage: Achtung Sturmwarnung! Seit gestern tobt über der Nordsee ein Orkan mit Windstärke 10 bis 12. Er kommt aus nordwestlicher Richtung und hat in den frühen Morgenstunden über der Deutschen Bucht Windgeschwindigkeiten bis zu 140 km in der Stunde erreicht. Das Hochwasser wird an der Küste 3,5 m über die mittlere Hochwasserlinie ansteigen. Für die gesamte deutsche Nordseeküste besteht höchste Sturmflutgefahr."

12.10 Uhr auf dem Deich von Christianskoog:
Die Männer auf dem Deich stapfen mit hochgezogenen Schultern durch den Orkan. Ausatmen können sie nur mit dem Rücken zum Wind. Ihre Augen brennen von der Gischt des Salzwassers. Mit ungeheurer Wucht klatschen die Wellen gegen die Böschung. Da — an der Innenseite sickert Wasser durch die Grasnarbe. „Sandsäcke her!" Das Leck im Deich wird abgedichtet. Die ersten Brecher schwappen über. Ein Teil der Sandsäcke wird weggespült. Minuten später ergießt sich ein brauner Sturzbach über den

Katastropheneinsatz im Christianskoog/Schleswig-Holstein:

11.27 Uhr	Meldungen über erste Deichschäden
11.45 Uhr	Katastrophenalarm
12.15 Uhr	Die Bevölkerung wird mit Linienbussen und Lastkraftwagen evakuiert. Polizei drängt Schaulustige zurück
13.05 Uhr	Anlieferung von Sandsäcken zur Deichsicherung
13.33 Uhr	100 Bundeswehrsoldaten beginnen mit Ausbesserungsarbeiten
14.35 Uhr	Einsatz der Feuerwehr zur Rettung von Vieh im Christianskoog
14.37 Uhr	Deichbruch ...

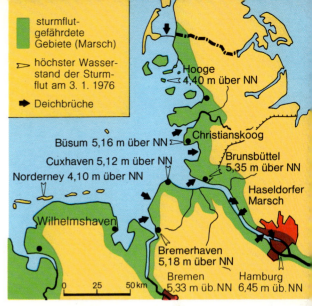

Die Sturmflut 1976

Deich. Die Innenböschung beginnt abzurutschen. Beängstigend schnell breitet sich das Wasser auf der Landseite des Deiches aus. Polizeiautos rasen durch den Koog. Männer rennen von den Deichen auf die Häuser zu und trommeln mit den Fäusten gegen Fenster und Türen. „Das Wasser kommt!" Die Sirenen heulen.

1 Erkläre mit Hilfe der Zeichnung unten die Begriffe Niedrigwasser, Hochwasser und Sturmflut.

2 Wo wurde am 3. Januar 1976 der höchste Wasserstand gemessen? Zum Vergleich: 1962 waren in Hamburg 5,73 m über NN gemessen worden.

Einige besonders hohe Sturmfluten

11. Oktober 1634
„Manndränke": 10 000 Menschen und 50 000 Stück Vieh ertrunken; 1 300 Häuser zerstört

24. Dezember 1717
Weihnachtsflut: 15 000 Menschen umgekommen; 100 000 Stück Vieh verloren; 5 000 Häuser weggerissen

3./4. Februar 1825
Februarflut: 800 Todesopfer

1. Februar 1953
Sturmflut in den Niederlanden (Delta von Waal, Maas und Schelde); 1 800 Menschen ertrunken, 72 000 evakuiert; 32 000 Stück Vieh umgekommen.

16./17. Februar 1962
In Hamburg 315 Menschen ertrunken; entlang der Elbe 20 000 Personen evakuiert; 4 500 Stück Vieh eingegangen

3. Januar 1976
Höchste Sturmflut an der deutschen Nordseeküste; trotz mehrerer Deichbrüche kein Menschenleben zu beklagen; Schäden geringer als befürchtet.

Am Seedeich von Pellworm

Flußdeiche an der Pinnau bei Uetersen

Bauernhof auf einer Wurt

Wurten und Deiche

Wer an der Nordseeküste das Meer sehen will, muß erst einmal auf den Deich steigen. Von den Niederlanden bis Dänemark sichern starke **Seedeiche** das Land. Weniger hoch sind die **Flußdeiche,** die an beiden Seiten der Flüsse gebaut worden sind.
Die meisten Deiche wären bei normaler Flut gar nicht nötig. Wenn aber der Sturm das Meerwasser gegen die Küste drängt, wenn die Flut viel höher als gewöhnlich aufläuft, dann ist Gefahr. Die Sturmflut würde das ganze niedriggelegene Land der **Marsch** überschwemmen – wenn es keine Deiche gäbe.
Vor rund tausend Jahren begannen die Menschen, Deiche zu bauen. Vorher hatten sie sich und ihr Vieh auf andere Weise vor Sturmfluten geschützt. Sie hatten Hügel aufgeworfen, die **Wurten,** und hatten darauf ihre Häuser gebaut. Man kann die Wurten noch heute in der Marsch erkennen.

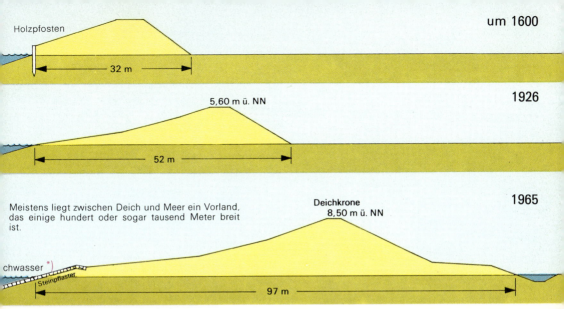

Alte und neue Deichquerschnitte

① Untersuche die Zeichnung der Deichquerschnitte. Was hat sich verändert?

② Wo man Deiche baut, muß man auch die Möglichkeiten schaffen, daß das Wasser aus der Marsch ins Meer abfließen kann. In der Marsch ist ein dichtes Netz von Gräben angelegt, in denen sich das Wasser ansammelt. Wenn draußen vor dem Deich Niedrigwasser ist, dann sind die **Sieltore** offen, und das Wasser aus der Marsch fließt hinaus. Was geschieht mit den Flügeln der Sieltore, wenn die Flut kommt?

③ Woher stammt das Wasser, das Tag für Tag aus der Marsch abfließen muß?

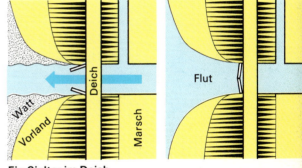

Ein Sieltor im Deich

Die Siele hat man heute an vielen Stellen durch **Pumpwerke** ersetzt. Bei niedrigem Wasserstand arbeiten sie nicht. Dann fließt das Wasser nach außen ab – wie bei einem Siel. Wenn sich außen das Wasser aber wegen Sturmflut staut, werden die Pumpen eingeschaltet, damit es in der Marsch „keine nassen Füße" gibt.

Die Außenböschungen der Deiche baut man sehr flach, damit sich bei Sturmflut die Wellen totlaufen können. Seit den letzten großen Sturmfluten hat man die meisten Deiche auch innen sehr verbreitert und abgeflacht, damit überschwappende Wellen keine Löcher reißen.

Das Pumpwerk Crildumersiel

Hallig Gröde bei normalem Hochwasser

Halligen

☐ ∞ **1** Zweimal wurde vom Flugzeug aus die Hallig Gröde fotografiert. Vergleicht die beiden Fotos. Ihr könnt nun schon einige wichtige Aussagen über Halligen machen.

Halligen sind Reste eines Marschlandes, das von Sturmfluten in früheren Jahrhunderten zerrissen wurde. Die meisten Halligen haben keine Deiche. So ähnlich haben auch die übrigen Marschgebiete ausgesehen, als es dort noch keine Deiche gab.
Die Wurten auf der Hallig sind so hoch aufgeschüttet, daß sie bei normalen Sturmfluten nicht überschwemmt werden. „Landunter" ist also für die Halligbewohner normalerweise nicht gefährlich. Nur muß das Vieh rechtzeitig von den Halligweiden auf die Wurten getrieben werden.
Die Fotos zeigen, daß Halligbauern anders wirtschaften müssen als Bauern auf dem Festland. Äcker würden durch das Salzwasser verdorben. Man hält Schafe und Rinder. Manche Bauern nehmen den Sommer über auch noch fremdes Vieh vom Festland zum Fettgräsen auf ihre Weiden.
Auch der Hausbau richtet sich nach den besonderen Bedingungen der Inseln. Alle alten Hallighäuser wurden so gebaut, daß der Dachstuhl von vier starken Eichenständern getragen wurde, die selbst dann noch stehen blieben, wenn bei einer besonders hohen Sturmflut die Mauern weggerissen wurden.

Querschnitt durch eine Hallig

Hallig Gröde bei „landunter"

Im Laufe der Jahrhunderte wurden die Halligen kleiner. Das Meer nagte unaufhörlich an ihren Rändern. Damit wurde die Gefahr für die Küste immer größer, denn Halligen sind natürliche „Wellenbrecher". Sie schützen die Küste gegen Weststürme. Seit der großen Sturmflut von 1965 werden deshalb die Halligen viel besser verteidigt: Man erhöhte die Wurten, baute neue sturmflutsichere Häuser, befestigte die Halligkanten. Zugleich half man den Menschen, die auf den Halligen wohnen: Man baute Schiffsanlegestellen, legte feste Fahrwege an, versorgte die Häuser mit elektrischem Strom, legte Trinkwasserleitungen vom Festland herüber, baute Fremdenzimmer für Sommergäste in die neuen Häuser.

2 Beschreibe und begründe die Arbeiten, die auf den beiden Fotos unten zu sehen sind.

3 Nenne den wichtigsten Grund, weshalb die Halligen in Nordfriesland trotz der großen Kosten nicht aufgegeben werden.

Schutzraumbau in einem Hallighaus

Bau einer Steinkante auf Hallig Langeneß

Landgewinnungsarbeiten im Süden der Meldorfer Bucht

Neues Land aus dem Meer

Vor dem Seedeich liegt das Deichvorland. Davor beginnt das **Watt**. Bei Ebbe fällt das Watt trocken. Dann werden die tiefen Rinnen (Priele) sichtbar, durch die das Wasser in die offene See hinausströmt. Dazwischen tauchen die fast ebenen Platen aus Sand oder Schlick auf. Jede Flut trägt viel Schlick mit sich. Wie trübe Wolken schweben die feinen Tonteilchen im Wasser und färben es grau. Überall, wo das Wasser zur Ruhe kommt, sinkt der Schlick zu Boden. An ruhigen Stellen, in Buchten und hinter Inseln, wächst das Watt Jahr für Jahr 3 bis 4 cm in die Höhe.

1 Auf dem großen Foto siehst du weit über die Küstenlandschaft der Meldorfer Bucht. Was man erkennen kann: Seedeich (dahinter liegt eine lange Häuserreihe!), Vorland (Heller), Landgewinnungsfelder, Platen, Priele. Schreibe auf: 1 = Seedeich usw.

2 Auf dem Foto unten links bauen Arbeiter eine Lahnung. Diese doppelten Pfahlreihen mit dazwischengepackten Sträuchern sind auch auf dem großen Foto zu erkennen. Was sollen sie bewirken?

Das mittlere Foto zeigt Landgewinnungsarbeiten weit draußen am offenen Wasser. Es werden „Grüppen" (Gräben) ausgehoben. Der Schlick wird auf die „Beete" dazwischen geworfen – jedes Jahr von neuem. So wächst das Land langsam in die Höhe. Es siedeln sich Pflanzen an, das Land wird grün. Bald kann das Vieh darauf weiden. Wenn das neue Grünland hoch genug geworden ist, kann ein Deich davor gebaut werden. Das eingedeichte Neuland nennt man **Koog, Groden** oder **Polder**.

3 Auf der Karte der Meldorfer Bucht erkennst du mehrere Deichlinien hintereinander. Kannst du dafür eine Erklärung finden?

☐ Heute ist ein sicherer Schutz der Küste wichtiger geworden als die Gewinnung von neuem Ackerland. Man baut Deiche durch das Wattenmeer, auch wenn das Land dahinter für landwirtschaftliche Nutzung nicht hoch genug ist. Hauptsache: der neue, gerade, starke Deich ist ein guter **Küstenschutz**. Ein großer Teil der Meldorfer Bucht soll durch einen solchen Deich abgeriegelt werden.

Bauernhöfe in einem Koog

Eindeichungen in der Meldorfer Bucht

Im Haringvlietdamm wird der letzte Senkkasten eingeschwommen und dann abgesenkt

Küstenschutz und Neulandgewinnung in den Niederlanden

☐ **Das Deltaprojekt.** Am 1. Februar 1953 brach eine verheerende Sturmflut über das Mündungsdelta von Rhein (Waal) und Maas herein. 1800 Menschen ertranken, 72 000 mußten vorübergehend ausgesiedelt werden. 160 000 ha Land wurden überflutet.

Noch 1953 faßten die Niederländer den Entschluß, das Delta durch starke Dämme vom Meer abzutrennen. Sie wollten sich vor künftigen Überschwemmungen schützen. Durch dieses Deltaprojekt sollte gleichzeitig die Küstenlinie von 800 km auf 80 km verkürzt werden.

Die Niederländer haben seit Jahrhunderten Erfahrungen im Bau von Deichen und Dämmen. Aber für die Abriegelung der tiefen Flußmündungen mußten die Wasser-

Das Deltaprojekt

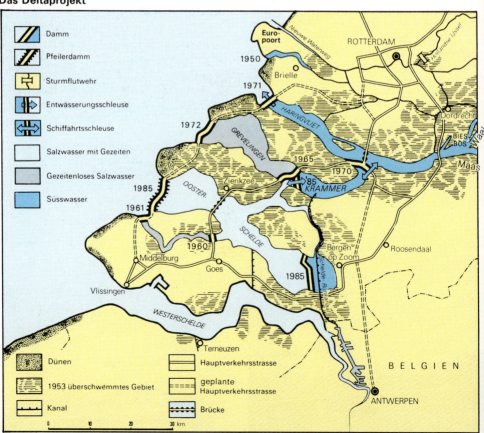

bauer ganz neue Methoden erfinden. Sie mußten die starken Gezeitenströme überlisten. Die meisten Abschlußdämme wurden mit Hilfe riesiger Senkkästen gebaut. Jeder Senkkasten ist so groß wie ein Wohnblock mit sieben Stockwerken! Durch ihre Öffnungen kann das Wasser ungehindert ein- und ausströmen. Erst wenn die ganze Reihe der Senkkästen steht, werden die riesigen Stahlplatten in dem einen kurzen Moment heruntergelassen, wenn sich der Gezeitenstrom umkehrt. Dann werden die Senkkästen mit Steinen, Kies und Sand gefüllt. Darüber wird der Damm aufgeschüttet.

1 Warum wollte man die Flußmündungen sperren?
2 Wo fließt heute das Wasser aus Waal und Maas in das Meer?
3 Sucht auf der Karte S. 32 die Stadt Zierikzee auf der Insel Duiveland. Überlegt, wie sich der Bau der Dämme, Brücken und Straßen auf die Entwicklung der Stadt ausgewirkt hat (Fischfang, Arbeitsmöglichkeiten, Verkehr).

Landgewinnung in der Zuiderzee. Ein zweites Projekt begann schon viel früher. In den Jahren 1927–1932 haben die Niederländer die ehemalige Zuiderzee mit einem 32 km langen Damm von der Nordsee abgeschlossen. Den neuen See nannten sie **IJsselmeer.** Im IJsselmeer gibt es keine Gezeiten und keine Sturmfluten mehr.

4 Studiert die Abbildungen auf dieser Seite. Beschreibt, wie im IJsselmeer neues Land gewonnen wurde. Achtung: Das Land in den Poldern liegt etwa 4 m unter NN! Was bedeuten die unterschiedlichen Farben des Wassers innerhalb und außerhalb des Abschlußdeiches?

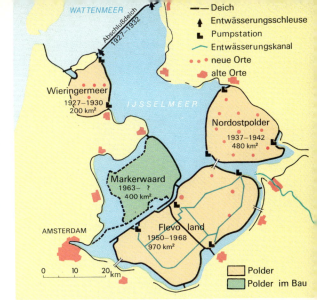

Die Polder im IJsselmeer

Zuerst wird ein Ringdeich gebaut

Polderentwässerung

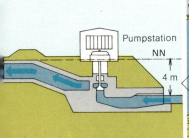
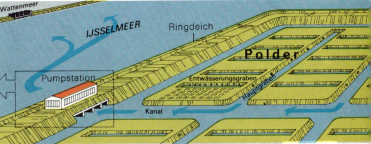

Badeferien auf einer Nordseeinsel

(Ausschnitt aus der Topograph. Karte 1 : 100 000, Blatt C 2310 Esens)

34

Das alles gibt es auf einer Nordseeinsel: Sonnentage im heißen Sand, Barfußlaufen im weichen Schlick, Baden in der Brandung, neuankommende Gäste im Hafen, Nebel aus feuchten Wiesen, Strandwanderungen bei steifem Seewind, Muscheln am Strand, Dünen und Strandhafer, Baden im Meer, bunte Fähnchen am Strandkiosk, Möwengeschrei, Muschelbänke an den Prielen, Strandpromenade vor den Hotels, Sandburgen und Strandkörbe, Einkauf im Ort, Züge am Bahnhof ...
Ferientage auf einer Nordseeinsel gehen viel zu schnell vorbei.

1 Zeichne eine Liste mit den Spalten ,,Seeseite der Insel" — ,,Inselmitte" — ,,Rückseite der Insel". Trage alle genannten Einzelheiten ein. Dazu mußt du die Karte benutzen.

2 Wohin würdest du das Bild von den Strandkörben und wohin das Bild von den Wattwanderern stellen — auf die Nordseite oder auf die Südseite der Insel?

Badeleben am Strand

Wattwanderung

Ausflug in die Dünen

Auf dem Tennisplatz

Aus dem Tidekalender für Langeoog				
Tag		Uhrzeit		
		Hochwasser		Niedrigwasser
5	S	03.20 15.20	09.24	22.07
6	S	04.05 16.08	10.08	22.53
7	M	04.51 16.59	10.57	23.41
8	D	05.42 17.56	11.54	–
9	M	06.38 19.01	00.36	13.00
10	D	07.39 20.09	01.39	14.12
11	F	08.40 21.12	02.43	15.20
12	S	09.35 22.07	03.41	16.19
13	S	10.22 22.55	04.33	17.09
14	M	11.06 23.39	05.19	17.52
15	D	11.45 –	05.59	18.29
16	M	00.19 12.23	06.34	19.04
17	D	00.56 12.57	07.08	19.37
18	F	01.29 13.28	07.38	20.08
19	S	02.01 14.00	08.07	20.41
20	S	02.35 14.36	08.41	21.16
21	M	03.12 15.12	09.17	21.50

Immer mehr **Feriengäste** kommen auf die Nordseeinseln. Die Inselbewohner haben sich darauf eingestellt. Für die Urlauber müssen genügend Zimmer und Betten vorhanden sein. Die Gäste wollen gut essen können, wollen einkaufen, wollen ihre Post und ihre gewohnten Zeitungen bekommen. Die Inselbewohner haben viel Arbeit, besonders im Sommer. Dann ist **Hochsaison**. Ihre alten Berufe in Fischerei und Schiffahrt haben sie längst aufgegeben. Die meisten arbeiten jetzt für den **Fremdenverkehr**. Es muß auch für die Sicherheit der Badegäste gesorgt werden. Bei Ebbe ist das Baden verboten. Badezeit ist nur, wenn die Badeflaggen am Strand aufgezogen sind: immer die letzten zwei Stunden vor Hochwasser. Auch die Wattwanderer müssen auf die Zeit achten: Wenn die Flut einsetzt, steigt das Wasser in den Prielen schnell an und kann den Rückweg versperren. Deshalb veranstalten die Kurverwaltungen sichere Wattwanderungen.

❸ Welche Berufe haben die Inselbewohner heute? Schreibe zehn Berufe auf.
❹ Um wieviel Minuten verschiebt sich das Hochwasser von einem Tag zum andern?
❺ Das Watt fällt trocken, dann wird es wieder überflutet. Wie oft an einem Tage?

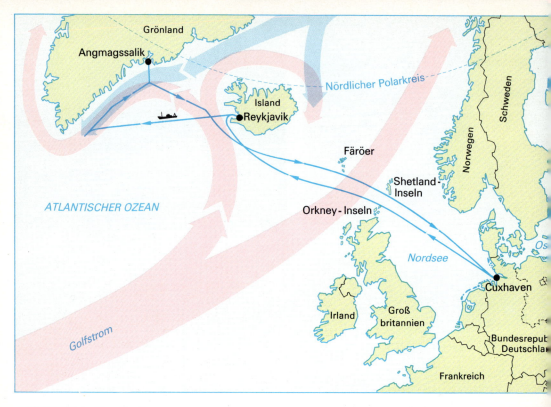

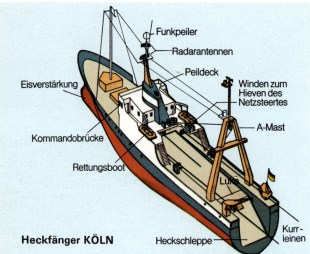

Aus dem Logbuch des Heckfängers KÖLN:

Mi.	4. 5.	9.00 ab Cuxhaven
Do.	5. 5.	Position 57° N, 3° O; Nordsee blei
Sa.	7. 5.	Hauptradar ausgefallen
So.	8. 5.	Reykjavik angelaufen, Reparatur 3
Mo.	9. 5.	Position 65° N, 35° W, Orkan gem
Di.	10. 5.	Kurs WSW, der neue Koch seekra
Do.	12. 5.	Fischgründe vor Grönland erreich
Fr.	13. 5.	Erster „Hol" an Bord — nur 35 dt barsch
Mo.	16. 5.	Westwind — Treibeis
Do.	19. 5.	Fischraum füllt sich langsam
Mo.	24. 5.	Funkspruch an Reederei: 1 437 dt barsch im Eisraum — Kurs Heima
Do.	27. 5.	Position zwischen Orkney- und S land-Inseln
So.	30. 5.	15.00 an der Pier festgemacht
Mo.	31. 5.	7.00 Versteigerung auf dem Seefi markt Cuxhaven
Di.	1. 6.	Klarmachen für die nächste Reise
Mi.	2. 6.	9.00: Die KÖLN läuft wieder aus

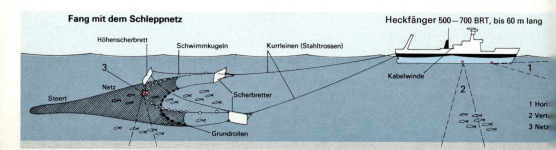

Fischfang auf hoher See

Täglich laufen in den großen Fischereihäfen Bremerhaven und Cuxhaven, Hamburg und Kiel die Fangschiffe der deutschen Fischereiflotte ein. Sie landen Frischfische an. Die meisten sind Heckfänger wie die KÖLN. 23 Männer sind an Bord. Mit 14 Knoten (etwa 26 km/h) stampft das Schiff durch die Nordsee. Die Reederei hat über Funk das Fanggebiet angegeben: Ostküste Grönlands.

1 Lies die Angaben im Logbuch über die Fangreise des Heckfängers KÖLN. Berichte über Fahrtdauer, Fangmenge, Fischsorte, Wetterverhältnisse ...

Früher waren die Fischer bei der Suche nach Fischschwärmen allein auf ihre Erfahrung und auf die Beobachtung von Vogelschwärmen oder Delphinen angewiesen. Heute wird den Kapitänen von ihren Reedereien das genaue Fanggebiet durch Funkspruch mitgeteilt. Beim Fang werden Echolote benutzt, die nicht nur die Wassertiefe angeben, sondern auch Fischschwärme vor und unter dem Schiff anzeigen. Der Kapitän kann durch schnellere oder langsamere Fahrt die Höhe des Netzes regulieren.

Beim Aussetzen des Netzes werden Scherbretter in die Kurrleinen (Schleppleinen) eingesetzt. Sie halten während der Schleppfahrt das Netz weit geöffnet. Nach mehreren Stunden Schleppfang wird das Netz mit einer Motorwinde über die Heckschleppe wieder an Bord geholt. Der Steert wird angehoben, ein Knoten an seinem Ende gelöst, und der Fang rutscht auf das Deck. Durch eine Luke gleiten die Fische in die Verarbeitungsräume unter Deck.

Die Arbeit an Bord ist schwer und gefährlich. Wie oft geschieht es, daß ein Finger, eine Hand oder ein Bein von einer Stahltrosse oder einem Scherbrett zerschlagen wird! Das Fischereischutzboot mit dem Arzt ist oft weit entfernt. Wenn im Sturm kein Hubschrauber landen und den Arzt an Bord bringen kann, muß der Kapitän notfalls selber „doktern".

Ein guter „Hol" ist an Bord gebracht

Fischverarbeitung unter Deck

Von 100 t Fang sind:
- Kabeljau 25 t
- Seelachs 24 t
- Rotbarsch 13 t
- Hering 5 t
- Schellfisch 5 t
- Schalentiere 12 t
- Sonstige Fische 15 t

Unter Deck werden die Fische sortiert, geschlachtet und in Eis verpackt. Während dieser Arbeit wird oben schon der nächste Fang eingeholt.

Solange der Fischdampfer auf Fangfahrt ist, kommen die Männer wenig zur Ruhe. Aber je größer die Fänge, um so höher ist auch der Anteil, den sie am Ende der Fahrt ausbezahlt bekommen.

2 In der Auktionshalle wird der Fang versteigert und sofort weitertransportiert. Beschreibe die Kühlkette vom Seefischmarkt zum Verbraucher.

Die Reederei der KÖLN hat eine ganze Fischfangflotte im Dienst. Dazu gehört auch das **Fangfabrikschiff** BONN, das länger unterwegs bleiben kann. Schiffe dieses Typs sind mit Tiefkühlanlagen ausgerüstet. Die Fische werden gleich geschlachtet, zu Filet verarbeitet und tiefgefroren. Die Abfälle werden getrocknet, zermahlen und in Säcke abgefüllt. Dieses Fischmehl ist ein wertvolles Viehfutter.

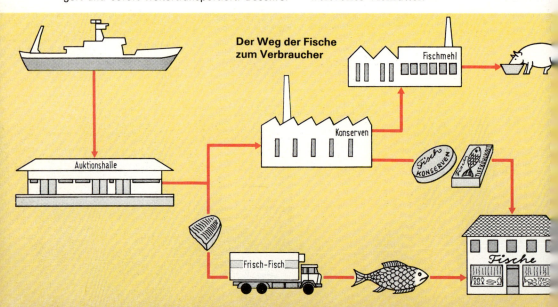

Der Weg der Fische zum Verbraucher

Deutsche Fischer bangen um ihren Job
Werden Heringe zu teuren Delikatessen?
Streit um Kabeljau

In den Fischgründen der Weltmeere treffen sich Fischdampfer und Fabrikschiffe vieler Nationen. Ihre Fangergebnisse zeigt die Tabelle rechts.

Die Entwicklung neuer Schleppnetze, neuer Suchgeräte und neuer Verarbeitungsmethoden führte in den letzten Jahren zu immer größeren Fängen. Besonders der nördliche Atlantik mit seinen Randmeeren wurde rücksichtslos ausgebeutet. Manche Fischarten wurden schon nahezu ausgerottet. Selbst Heringe sind selten geworden. Es ist daher verständlich, wenn viele Menschen auf Schiffen und in Fischfabriken um ihre Arbeitsplätze bangen.

Die **Überfischung** ist der Grund dafür, daß eine wachsende Zahl von Ländern Schutzzonen vor ihren Küsten errichtet. Ein besonders anschauliches Beispiel bietet Island:

Wegen der nördlichen Lage und der ungünstigen natürlichen Bedingungen dieser Insel, leben die Menschen dort hauptsächlich vom Fischfang. Weil immer mehr Fischdampfer kamen und vor Island fischten, ging die Fangmenge ständig zurück. Deshalb erweiterte Island im Jahre 1958 seine **Schutzzone** von drei auf zwölf Seemeilen (1 sm = 1,852 km) und 1972 auf 50 Seemeilen. Inzwischen haben die Bundesrepublik Deutschland und andere Länder die 200-Seemeilen-Zone rings um Island anerkannt.

Andere Länder wollen jetzt dem isländischen Beispiel folgen und ihre Fischereizonen ebenfalls auf 200 sm erweitern. Die deutschen und die britischen Fischer werden besonders hart getroffen. Sie müssen sich nach neuen, weiter entfernten Fang-

Wichtige Fischfangnationen der Welt: (Anlandungen in Tonnen)		
	1968	1977
1. Japan	8,7 Mio.	10,7 Mio.
2. UdSSR	6,1 Mio.	9,4 Mio.
3. China	7,0 Mio.	6,9 Mio.
4. Norwegen	2,8 Mio.	3,6 Mio.
5. USA	2,4 Mio.	3,1 Mio.
6. Peru	10,5 Mio.	2,5 Mio.
7. Island	0,6 Mio.	1,4 Mio.
8. Großbritannien	1,0 Mio.	1,0 Mio.
31. Bundesrepublik Deutschland	0,7 Mio.	0,4 Mio.

gründen umsehen. Bald werden wohl die Gewässer der Antarktis ein Ziel für deutsche Fangschiffe sein.

3 Wo liegen die wichtigen Fischfanggründe in Nordeuropa? Benutze die Karte unten.

4 Vor 1972 stammte etwa ein Drittel der westdeutschen Fangmengen aus den Gewässern um Island. Was bedeutet die Ausdehnung der Fischereizone um Island auf 200 sm für deutsche Fischer?

Fischgründe im Nordatlantik

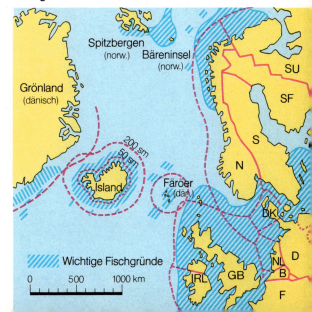

Im Hochgebirge

42 Zu den Gipfeln der Erde

44 Wandern in den Bergen

46 Die Wetterstation auf der Zugspitze

48 Höhenstufen in den Alpen

50 Vier Jahreszeiten auf der Alm

52 Lawinen

54 Verkehrswege über die Alpen

Bergsteigen und Bergwandern, das ist ein großer Unterschied. Die hohen Schneegipfel, viertausend Meter hoch und mehr, sind etwas für geübte Bergsteiger. Die meisten Menschen jedoch, die in die Berge fahren, suchen Freude und Erholung beim Bergwandern. Andere kommen nur zum Skilaufen im Winter und wissen gar nicht, wie das Hochgebirge im Sommer aussieht. Und es gibt sogar Menschen, die sich über die Alpen gar nicht freuen; für sie sind die Berge nur ein lästiges Verkehrshindernis auf dem Weg in den sonnigen Süden.
Von Bergsteigern und Touristen, von Landwirtschaft und Fremdenverkehr, von Paßstraßen, Tunnels und Lawinengefahr handeln die nächsten Seiten.

Zu den Gipfeln der Erde

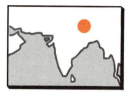

Der **Himalaya** ist das höchste Gebirge der Erde. Hier gibt es allein 14 Berge, die mehr als 8000 m aufragen. Am allerhöchsten aber ist der Mount Everest.

In der Nacht zum 29. Mai 1953 haben der Neuseeländer Hillary und der Sherpa Tensing ihr Zelt aufgebaut: in 8 480 m Höhe an einer Eisflanke des Mount Everest. Sie sind Mitglieder einer Expedition, die den höchsten Berg der Erde besteigen will. Tief unter ihnen liegen die sieben anderen Lager der Gruppe, eines immer einige hundert Meter über dem anderen. Es ist eine schlaflose Nacht für Hillary: „Ich atmete tief und langsam und dachte an den kommenden Tag. Genügten drei Liter Sauerstoff in der Minute zum Durchhalten? War gutes Wetter zu erwarten? ... In der Stille der Nacht wurde mir bewußt, daß noch niemand in solcher Höhe sein Nachtlager aufgeschlagen hatte. — Vor Kälte zitternd wachte ich plötzlich auf. Auch Tensing bewegte sich in seinem Schlafsack; offensichtlich fror auch er."

Früh am Morgen brechen sie auf. Nach mehreren Stunden haben sie nur noch den Gipfelgrat vor sich. „Ich prüfte den Gipfelgrat. Auf den ersten Blick machte er einen abschreckenden Eindruck. Jeder unbedachte Schritt konnte zur Katastrophe führen ..."
Würde der Sauerstoffvorrat ausreichen für den Hin- und Rückweg? Sie wagen es! Stufe um Stufe hackt der Eispickel in den hartgefrorenen Schnee, Schritt um Schritt kommen sie voran — und dann stehen sie als erste Menschen auf dem höchsten Gipfel der Erde! Hillary erinnerte sich: „Das erste, was ich fühlte, war Erleichterung, daß ich keine Stufen mehr hacken mußte. Ich blickte Tensing an; trotz der Brille und der Sauerstoffmaske, die, von Eis überkrustet, sein Gesicht verdeckte, sah ich deutlich sein anstekkendes Lächeln der reinen Freude, als er um sich blickte. Wir schüttelten einander die Hände, dann schlug Tensing seinen Arm um meine Schulter." (1)

1 Mit vielen Schwierigkeiten und Gefahren muß ein Bergsteiger in solchen großen Höhen rechnen. Zähle einige auf: eisige Kälte ...

Tensing und Hillary　　**Die Aufstiegsroute der Bergsteiger Hillary und Tensing**

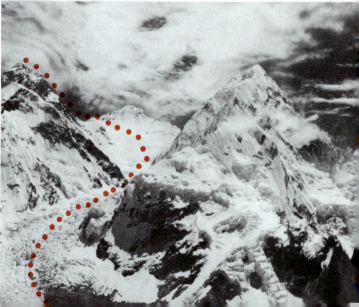

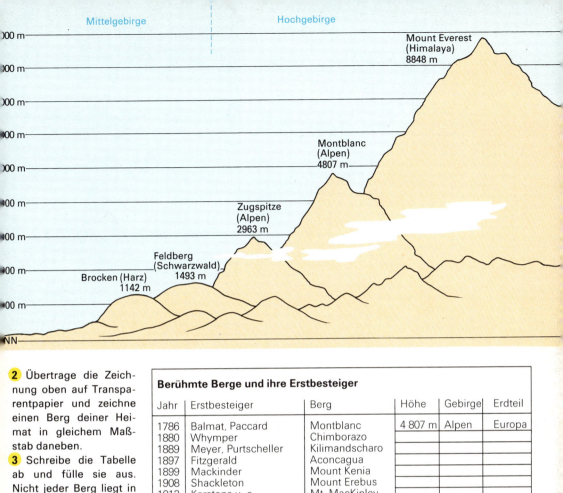

2 Übertrage die Zeichnung oben auf Transparentpapier und zeichne einen Berg deiner Heimat in gleichem Maßstab daneben.

3 Schreibe die Tabelle ab und fülle sie aus. Nicht jeder Berg liegt in einem Gebirge.

Berühmte Berge und ihre Erstbesteiger					
Jahr	Erstbesteiger	Berg	Höhe	Gebirge	Erdteil
1786	Balmat, Paccard	Montblanc	4 807 m	Alpen	Europa
1880	Whymper	Chimborazo			
1889	Meyer, Purtscheller	Kilimandscharo			
1897	Fitzgerald	Aconcagua			
1899	Mackinder	Mount Kenia			
1908	Shackleton	Mount Erebus			
1913	Karstens u. a.	Mt. MacKinley			
1953	Hillary, Tensing	Mount Everest			
1953	Buhl	Nanga Parbat			
1954	Compagnoni, Lacedelli	K 2			

Gipfel der Erde

Bergsteiger in der Felswand

Bergwanderer vor der Falkenhütte im Karwendelgebirge

Wandern in den Bergen

Familie Körner macht Urlaub in den Bergen. Heute früh sind sie zu einer Wanderung aufgebrochen. Ihr Ziel ist eine Schutzhütte des Alpenvereins in 2 500 m Höhe. Auf halbem Wege werden sie von zwei jungen Männern überholt. Sie tragen große Rucksäcke, Eispickel und Seile mit sich. An ihren Gürteln hängen ganze Bündel von Mauerhaken. An den Füßen tragen sie Bergstiefel mit kräftigen Profilsohlen.

Uwe: „Sieh mal, was die alles mitschleppen!"

Herr Körner: „Ja, das sind ja auch richtige Bergsteiger, die wollen heute noch hoch hinaus."

Frau Körner: „Freilich, die brauchen solche Ausrüstung."

Frau Körner hat recht: Bergsteiger brauchen solche Ausrüstung. Aber sind auch die Körners richtig ausgerüstet? Seil, Eispickel und Mauerhaken werden sie nicht benötigen. Aber auch auf ihrer Wanderung können sie in Gefahr geraten.

Ob sie wohl daran gedacht haben,

- daß in Höhen oberhalb von 2 000 m auch im Sommer plötzlich Schnee und Kälte auftreten können?
- daß Nebel und Schneetreiben die Sicht versperren können? Neuschnee deckt den Weg zu und macht den Abstieg lebensgefährlich.
- daß Wege bei nassem Wetter oft schlüpfrig sind? Selbst auf häufig begangenen Wegen sind schon Wanderer abgestürzt, weil sie Schuhe mit glatter Sohle trugen.
- daß der Pfad nicht immer gut erkennbar ist?
- daß Erschöpfung, Hunger und Kälte aus einer kleinen Gefahr schnell eine große Gefahr machen können?

 1 Auf dem Foto unten rechts und in der beigefügten Liste seht ihr, wie sich Familie Körner ausgerüstet hat. Haben sie an alles gedacht? Sind auch überflüssige Dinge dabei?

Regeln für den Bergwanderer

1. Bereite jede Wanderung mit Hilfe der Wanderkarte und eines Wanderführers (Wegbeschreibung) vor!
2. Plane keine zu großen Tagesmärsche! Höhenunterschiede zu überwinden, kostet Zeit und Kraft.
3. Festes Schuhwerk (keine Halbschuhe!) und wetterfeste Kleidung gehören bei jeder Bergwanderung dazu!
4. Verlasse auf keinen Fall die markierten Wege!
5: Beachte das Wetter! Kehre um, wenn Nebel aufzieht oder wenn die Gipfel sich in Wolken zu hüllen beginnen!
6. Unternimm keine Tour, wenn der Hüttenwirt oder der Bergwachtposten dir davon abrät!
7. Bitte: Laß die geschützten Pflanzen stehen! Andere wollen sich auch an ihnen erfreuen.
8. Und noch eins: Konservendosen, Obstschalen und Papier gehören nicht an die Wegränder! Du trägst im Rucksack nicht schwer an ihnen.

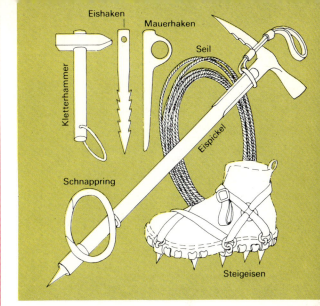

Geräte des Bergsteigers

2 Nenne Unterschiede zwischen Bergsteigen und Bergwandern.

3 Wenn der Aufstieg nur durch Fels führt, werden einige der Geräte (oben) nicht gebraucht. Welche?

Hier seht ihr Herrn und Frau Körner – startbereit zur Bergwanderung, Uwe hat sie fotografiert.

Und das haben die Körners in ihrem Rucksack:
Pullover
Handschuhe
Wollmützen
Wäsche und Strümpfe zum Wechseln
Regenumhänge
Wanderkarte
Kompaß
eine kleine Reiseapotheke mit Pflaster und Mullbinde
Proviant für einen Tag
Taschenlampe
Taschenmesser
Bindfaden
Schreibzeug
Notizblock

Die Zugspitze vom Eibsee aus

Auf der Zugspitze: Wetterstation und Münchner Haus

Die Wetterstation auf der Zugspitze

Die Zugspitze ist Deutschlands höchster Berg: 2 963 m hoch. Über den Gipfel verläuft die Grenze zwischen Deutschland und Österreich.

Sonntag, 5. August 1979: strahlender Sonnenschein, fast wolkenloser Himmel. Das schöne Wetter lockt viele Besucher auf die Zugspitze. Die meisten fahren mit der Zahnradbahn oder mit einer der beiden Seilbahnen hinauf. Meine Familie und ich nehmen die Seilbahn, die vom Eibsee bei Garmisch-Partenkirchen aus hinaufführt. An der Talstation Eibsee (1 000 m NN) zeigt das Thermometer 26 °C. Kurz darauf erreichen wir die Bergstation. Wie kalt es plötzlich ist! Als wir ins Freie treten, umweht uns ein eisiger Wind. Gut, daß wir Pullover und Anorak dabei haben!

Auf dem Gipfel steht ein dicker Turm. An der Tür lesen wir: „Deutscher Wetterdienst – Wetterstation." Hier arbeitet der Wetterbeobachter. Heute hat Herr Demmer Dienst. Wir dürfen eintreten. Auf einer schmalen Treppe steigen wir nach oben bis auf die Plattform. Viele Geräte stehen hier: Thermometer, Barometer, Niederschlagsmesser, Windmesser und viele andere.

„Sie haben Glück mit dem Wetter", sagt Herr Demmer, „eine so schöne Aussicht gibt es selten. Sehen Sie, da drüben, die Schneeberge, das sind die Hohen Tauern. Der Großglockner gehört dazu, der höchste Berg Österreichs. Und etwas weiter rechts können Sie sogar die Dolomiten sehen!"

Es ist 15 Uhr, und Herr Demmer muß die stündliche Wettermeldung an das Wetteramt München durchgeben:

Temperatur	5 °C
Luftdruck	535 mm
Niederschlag	0 mm
Windrichtung	SW
Windgeschwindigkeit	6 m pro Sekunde

„Gibt es auf der Zugspitze auch richtige warme Sommertage?" fragen wir Herrn Demmer. „Die höchste Temperatur war 18 °C und die tiefste war −36 °C."
(Zum Vergleich: Frankfurt a. M. 38 °C und −22 °C.)

So funktioniert der Sonnenscheinschreiber (Foto links): Die Glaskugel ist wie ein Brennglas. Dahinter wird ein Papierstreifen mit Stundeneinteilung befestigt. Die Sonne zieht am Himmel ihre Bahn. Dabei fallen die Sonnenstrahlen durch die Glaskugel und brennen eine Spur in den Papierstreifen – aber nur, solange die Sonne scheint!

Sonnenscheindauer:
Berlin	1818 Std. pro Jahr	Neustadt a. d. W.	1712 Std. pro Jahr
Zugspitze	1815 Std. pro Jahr	Frankfurt M.	1640 Std. pro Jahr
München	1771 Std. pro Jahr	Hannover	1610 Std. pro Jahr
Lüchow	1732 Std. pro Jahr	Bremen	1606 Std. pro Jahr

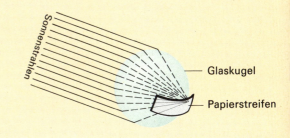

Der Wetterbeobachter am Sonnenscheinschreiber

1 a) Wie groß ist der Höhenunterschied zwischen der Talstation Eibsee und dem Gipfel der Zugspitze?
b) Wie groß war am 5. August nachmittags der Temperaturunterschied zwischen der Talstation und dem Gipfel?

2 Arbeitet mit der Zeichnung unten. Ihr könnt eine Regel ablesen: Je höher der Ort liegt, desto ... ist die durchschnittliche Temperatur. Auch für die Niederschläge gibt es eine Regel: Je höher der Ort liegt, ...

Steigungsregen: Der Wind wird am Gebirgsrand nach oben abgelenkt. In der Höhe ist es kälter. Der Wasserdampf kühlt sich ab und wird zu winzigen Wassertröpfchen. Immer größer und schwerer werden die Tröpfchen, bis sie als Regen herunterfallen.

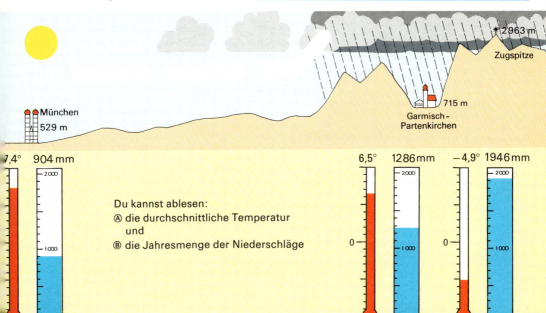

Du kannst ablesen:
Ⓐ die durchschnittliche Temperatur und
Ⓑ die Jahresmenge der Niederschläge

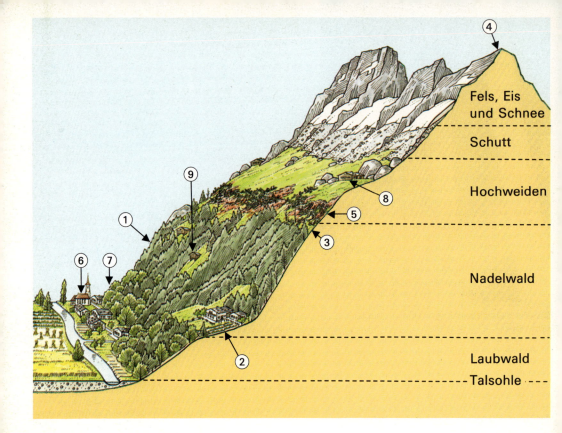

48 Höhenstufen in den Alpen

Im **Taldorf** (800 m NN) beginnt unsere Wanderung. Der Weg führt zuerst durch **Laubwald,** später durch **Nadelwald.** Wir kommen an einem einsamen **Bergbauernhof** vorbei. Am steilen Hang liegen die kleinen Kartoffel- und Getreidefelder. Auf einer Bergwiese steht eine Hütte; das ist die **Voralm.** Sie wird nur im Frühsommer genutzt, bevor das Vieh weiter auf die Hochalm getrieben wird. Zwischen 1 800 m und 2 000 m NN hört der Wald allmählich auf. Wir haben die **Waldgrenze** erreicht. Hier wachsen nur noch niedrige Bergkiefern oder Alpenrosen; das ist **Knieholz.** Bald erreichen wir die **Almhütte.** Hier wohnt im Sommer der Almhirte, bis im Herbst das Vieh wieder abgetrieben wird. Wer auf den **Gipfel** will, muß von der Alm aus noch einmal 1 000 m über Fels, Schnee und Eis aufsteigen.

1 In der Zeichnung oben findest du die Nummern 1 bis 9. Zu jeder Nummer paßt einer der fettgedruckten Begriffe aus dem Text. Schreibe auf:
    1 = Nadelwald
    2 = . . .

2 Jedes Foto der rechten Seite paßt zu einer Höhenstufe. Schreibe auf:
    Bild A = Stufe Hochweiden
    Bild B = Stufe . . .

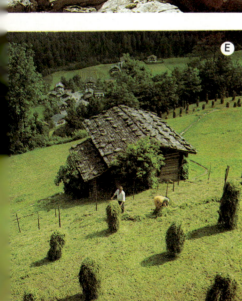

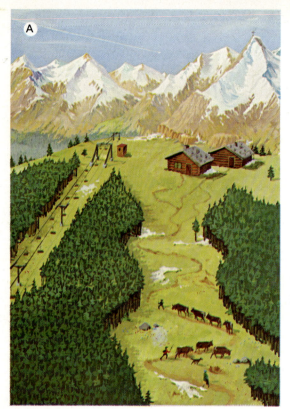
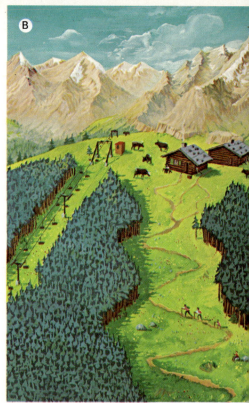

Vier Jahreszeiten auf der Alm

1 Sprecht über die vier Bilder: Mit welcher Jahreszeit beginnt die Bildreihe? Worin unterscheiden sich die Bilder?

2 Warst du schon einmal in den Ferien im Hochgebirge? In welcher Jahreszeit war das? Berichte über deine Erlebnisse.

∞ **3** Viele Touristen kommen im Sommer in die Alpen, andere kommen im Winter. Der Fremdenverkehr in den Bergen hat also eine **doppelte Saison** (sprich „Säsong"). Gibt es auch Feriengebiete mit einfacher Saison?

4 Benutze die Zeichnung der Höhenstufen aus dem vorigen Kapitel. Findest du alle Stufen hier wieder?

∞ **5** Manche Almen und manche hochgelegenen Bergbauernhöfe werden aufgegeben.
a) Überlegt euch Gründe dafür.
b) Kann man die Gebäude zu anderen Zwecken benutzen?

∞ **6** Möchtest du für einen Sommer als Hütejunge auf der Alm helfen?

7 Benutze für den folgenden Lückentext diese Wörter: Skilift, Gipfel, Tal, Frühjahr, Bergwanderer, Abfahrt, Hochweiden, Almhirte, Jungrinder, Waldgrenze, Winter, Almhütte, Weideland, Skiläufer.

Im ... werden die Rinder auf die ... getrieben. Den Winter verbringen sie auf den Bauernhöfen im ... Der ... und sein Hütejunge wohnen den Sommer über in der ... Auf der Alm weiden meistens ... Früher brachte man auch die Milchkühe auf die Alm. Die Milch wurde gleich an Ort und Stelle zu Käse verarbeitet. Heute bleiben die Milchkühe auf tiefergelegenen Weiden. Dort kann man die Milch besser abtransportieren. — Der ... ist im Sommer außer Betrieb. Hin und wieder kommen ... den

langen Weg zur Alm herauf. Manche von ihnen wollen noch weiter bis zum ... aufsteigen. Die Almen liegen meistens oberhalb der ... Aber an vielen Orten hat man einen Teil des Waldes abgeholzt, um das ... zu vergrößern. — Im ... ist die Almhütte verschlossen und tief eingeschneit. ... kommen mit dem Lift herauf und starten hier zu einer langen ... ins Tal.

51

Jungrinder auf der Hochweide

Skiläufer bei der Abfahrt

Staublawine

Abrißkante einer Schneebrettlawine

Lawinen

Staublawine im Kötschachtal

„Es ist der 22. Januar, ein kalter Montagmorgen im Kötschachtal bei Badgastein (Hohe Tauern). Landwirt Steger will beim Ölbrennerbauern ein Pferd entleihen. Er stapft durch den tiefen Pulverschnee auf die trennende kleine Anhöhe und erstarrt vor Schrecken: Der Hof seines Nachbarn ist spurlos verschwunden! Das ganze Tal vor ihm gleicht einer weißen Wüste — mit zerfetzten Baumstämmen gespickt. Eine Staublawine riesenhaften Ausmaßes ist niedergegangen und hat alles verschlungen. Am Nordhang, 800 m höher, hat sie sich gelöst. Sie ist durch die Steilwände und Bergwälder niedergefahren und quer über das Tal und das Ölbrennergut gebraust. Am Gegenhang ist sie wieder mehrere hundert Meter emporgebrandet und hat selbst mächtige Waldbäume bergaufwärts geworfen.
Die Lawine muß fast lautlos abgegangen sein. Der Luftdruck hat die Gebäude buchstäblich zermalmt und weggeblasen. Die Bewohner, so stellt später der Arzt fest, sind durch Zerreißen der Lunge ums Leben gekommen. Alle 14 Personen des Bergbauernhofes haben den Tod gefunden. — Eine Bergungsmannschaft von 400 Mann durchwühlt tagelang die bis 10 m tiefen Schneemassen, bevor das letzte Opfer geborgen werden kann." (2)

Lawinentod im Skischullager

Der Leiter eines Skischullagers im Safiental (Graubünden) unternahm mit einer Gruppe 13jähriger Schüler am 27. Februar eine Tour auf den Safier (2 705 m). Er berichtet:
„Als wir hintereinander im weichen Schnee den Steilhang unterhalb des Gipfels queren, höre ich plötzlich einen dumpfen Knall. Etwa 100 bis 150 Meter über mir zuckt wie ein Blitz ein Riß quer durch den Hang. Das Schneefeld über uns spaltet sich in zwei Teile. Der untere Teil rumpelt auf wohl 200 m Breite krachend in großen Schollen talwärts. Einer schreit: „Eine Lawine!" und ich brülle noch: „Bindung auf!" Ich versuche dabei selbst, meine Bindung zu lösen, komme aber sofort zu Fall. Da ich mit den Armen Schwimmbewegungen mache, bleibe ich einigermaßen an der Oberfläche und kann mich nach zehn Minuten aus dem Schnee befreien. Ich rufe dann nach meinen Schülern. Einige melden sich. Ich schicke zwei gute Skifahrer weg. Sie sollen an der Aufstiegsspur entlang zur Turrahütte abfahren, um die Flugwacht und einen Lawinenhund anzufordern. Die Hilfeleistung ist vorbildlich gewesen. Zwei Jungen konnten jedoch nur noch tot geborgen werden." (3)

∞ ❶ Sprecht über die beiden Berichte: Sind solche Unglücksfälle vermeidbar?

Bannwald und Lawinenverbauungen über Andermatt

Lawinenverbauung über einer Straße

Schon vor 600 Jahren beschlossen die Bewohner von Andermatt in der Schweiz, den Wald oberhalb ihres Dorfes zu schützen (Foto oben). Niemand durfte Holz aus diesem Wald holen, ja nicht einmal Äste oder Zapfen sammeln; sonst drohte ihm Strafe. Aber kann denn Wald ein Dorf vor Lawinen schützen? Große Lawinen reißen doch einen Wald glatt nieder! Trotzdem gilt der Wald als der beste natürliche Lawinenschutz. Wo ein geschlossener, hochstämmiger Wald die Hänge überzieht, können sich Lawinen nämlich gar nicht erst bilden.
Heute versucht man überall in den Alpen, die Lawinengefahr durch künstliche Bauten zu verringern. Es gibt zwei Gruppen von Schutzbauten:

Ⓐ Schutzbauten, die die Entstehung von Lawinen verhindern.

Ⓑ Schutzbauten, die vor den Auswirkungen von Lawinen schützen.

2 Welche Bilder auf dieser Seite gehören zu Gruppe Ⓐ, welche gehören zu Gruppe Ⓑ?

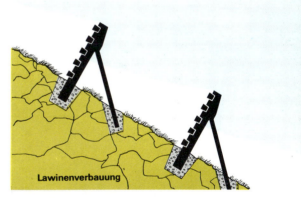

Lawinenschutzdach über einer Straße

Verkehrswege über die Alpen

Die kürzeste Verbindung von Basel nach Mailand führt durch den St.-Gotthard-Tunnel. Seit September 1980 rollt der Verkehr auf einer zweispurigen (später vierspurigen) Straße mehr als 16 km durch den Berg – durch den längsten **Straßentunnel** der Alpen!

Bis 1980 führte der Autoverkehr über den St.-Gotthard-Paß. In vielen engen Kehren steigt die Straße bis zur **Paßhöhe** in 2 108 m Höhe hinauf und auf der anderen Seite wieder hinunter (Foto rechte Seite).

Wenn man die lange Fahrt über die Paßhöhe vermeiden wollte oder wenn im Winter die Paßstraße tief verschneit war, konnte man den **Eisenbahntunnel** benutzen. Dann mußten die Autos verladen werden. Die Stationen für die Autoverladung war Göschenen auf der Nordseite und Airolo auf der Südseite des Passes. Der Bahntunnel ist in der Karte links als schwarze Punktlinie eingezeichnet. Seit Eröffnung des neuen Straßentunnels werden keine Autos mehr verladen.

1 Zeichne den Längsschnitt (unten) ab und trage für jeden Ort die Höhe ein. Die Zahlen findest du in der Karte links.

2 Nenne drei Vorteile des neuen Straßentunnels gegenüber der Autoverladung und der Paßstraße.

3 Auch wenn der neue Tunnel fertig ist, werden manche Autofahrer bei schönem Wetter über die Paßstraße fahren. Nenne Gründe dafür.

4 Die vielen engen Kurven einer Paßstraße nennt man Kehren (Foto rechte Seite unten). Warum baut man Straßen im Hochgebirge so?

5 Sieben Staaten haben Anteil an den Alpen. Alle sieben sind in der Karte oben rechts mit ihren Autokennzeichen versehen. Schreibe auf:

F = ...　　YU = ...
D = ...　　CH = ...
A = ...　　FL = ...
I = ...

6 Thomas aus Stuttgart erzählt: „Wir sind in den Ferien nach Italien gefahren. Dabei sind wir durch fünf verschiedene Länder gekommen, ohne einen Umweg zu machen." Welche Strecke ist Thomas gefahren? Wie heißen die fünf Staaten?

7 Berechne die Entfernung von München nach Rijeka (Jugoslawien):
a) über Salzburg—Villach—Ljubljana,
b) über Kiefersfelden—Plöckenpaß—Triest.

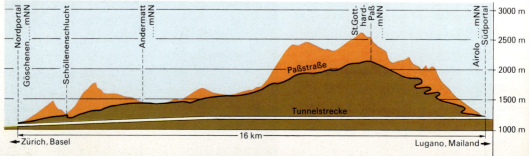

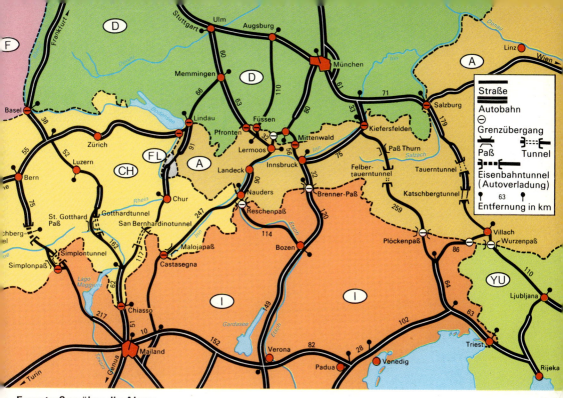

Fernstraßen über die Alpen

8 Schreibe auf: Die kürzeste Verbindung von Ulm nach Mailand beträgt ... km und führt über die Orte ...
Ermittle ebenso die Strecken:
     München — Venedig
     Augsburg — Verona
     Bern — Mailand

9 In den Alpenländern müssen Autofahrer für manche Tunnels und für manche Paßstraßen Benutzungsgebühren bezahlen. Ärgerlich für die Touristen! Aber ...?

10 Bisher gibt es eine einzige durchgehende Autobahn über die Alpen. Über welchen Paß führt sie?

St.-Gotthard-Paßstraße 1970

Felbertauern-Tunnel

Vulkanausbruch auf der Insel Heimaey (Island)

Vulkane und Erdbeben

58 Vulkanausbruch

60 Schichtvulkane und Schildvulkane

62 Gibt es Vulkane auch in Deutschland?

64 Erdbebenhilfe für Norditalien

66 Wo wird es das nächste Erdbeben geben?

Immer wieder berichten Rundfunk, Fernsehen und Zeitungen von Naturkatastrophen irgendwo in der Welt: von einem Vulkanausbruch auf Sizilien, von Erdbeben in China, von Überschwemmungen in Bangla-Desh, von Wirbelstürmen in den USA, von Lawinenkatastrophen in den Alpen und von Sturmfluten an der Nordseeküste.

Uns genügen diese Meldungen nicht. Wir wollen genauere Informationen. Wie kommt es zu den Katastrophen? Wie kann den betroffenen Menschen geholfen werden? Wie kann man sich besser auf solche Naturereignisse einrichten?
Die folgenden Kapitel befassen sich mit Vulkanen und Erdbeben. An anderen Stellen des Buches findest du Kapitel über Lawinen und über Sturmfluten.

Vulkanausbruch

Heimaey, 23. Januar 1973

Die knapp 6 000 Einwohner der Insel Heimaey vor der Südküste Islands werden um 1 Uhr 55 aus dem Schlaf gerissen. Sie werden Zeuge eines überwältigenden Naturgeschehens: Der Vulkan Helgafell bricht aus. Eine Erdspalte von 1 500 m Länge öffnet sich. An 40 Stellen schießen Lavafontänen bis zu 300 m empor. Glühende Gesteinsbrocken werden bis 600 m hoch hinaufgeschleudert. Sie schlagen wie Geschosse in die Häuser am Rande der kleinen Stadt Vestmannaeyjar ein. Bis um 10.00 Uhr vormittags haben die meisten Menschen die Insel verlassen. Sie werden mit Schiffen und Flugzeugen zur Hauptstadt Reykjavik gebracht.

1. Februar 1973

Eilig umgelenkte Frachtschiffe nehmen Vieh, Autos und Maschinen sowie Gefrierfleisch aus den Tiefkühlfabriken an Bord. 500 freiwillige Helfer stapeln den Hausrat aus den am stärksten gefährdeten Gebäuden in der sicher gelegenen Schule. Doch finden die Rettungsarbeiten ein jähes Ende: Vulkanische „Bomben" entzünden die ersten Häuser — dann eine gewaltige Explosion und eine kilometerhohe Rauchsäule über der Vulkanspalte. Als sich der Vorhang aus Asche verzieht, sieht man, daß sich rotglühende Lava auf die Stadt zubewegt. Etwa ein Dutzend Häuser fangen Feuer. Zischend ergießen sich Lavaströme neben der schmalen Hafeneinfahrt ins Meer. Wenn dieser bedeutendste Fischereihafen Islands verschüttet wird ...

16. März 1973

Niemand darf im östlichen Teil der Stadt übernachten. Hier sammeln sich gefährliche vulkanische Gase.

Anfang April 1973

Der neu entstandene Vulkan hat eine Höhe von 250 m erreicht. Im Osten der Stadt sind die Schichten der Asche auf über 5 m, in der Stadtmitte auf 1,5 m angewachsen. Ein Drittel der 1 200 Häuser ist durch Lava oder „Bomben" zerstört. Die 500 Männer der Rettungsmannschaft arbeiten Tag und Nacht. Sie versuchen alles, den vordringenden Lavastrom aufzuhalten. Sie schütten 10 m hohe Dämme auf. Sie wollen die Lava mit Meerwasser abkühlen. Und sie haben Erfolg.

Mit Hilfe von 30 aus den USA eingeflogenen Wasserpumpen gelingt es, den inzwischen 2 km langen Lavastrom am Rande des Fischereihafens zum Stillstand zu bringen. Allein das Motorschiff „Sandey" pumpt in jeder Minute 20 000 l Meerwasser auf die Lavazunge, wochenlang.

Anfang Juli 1973

Seit Ende Juni ist der Vulkan erloschen. Die Bewohner kehren zurück, schippen und schieben die Häuser, Straßen und Plätze frei und beginnen mit dem Wiederaufbau.

Unter Asche begrabene Häuser auf Heimaey

das Magma: Gesteinsschmelze in der Erdkruste, glutflüssig, 1 000—1 200 °C

die Lava: Magma, das aus Erdspalten und Vulkanen **herausfließt**

vulkanische Lockermassen: Magmateile, die **herausgeworfen** worden sind

   a) vulkanische Asche: feine Teilchen, bis Sandgröße (hat mit normaler Asche nichts zu tun!)

   b) Lapilli: etwa nußgroße Stücke („Lapilli" ist ein italienisches Wort und heißt „kleine Steine".)

   c) vulkanische Bomben: größere Brocken

1. Beschreibe die Fotos mit Hilfe der im Kasten und im Text genannten Begriffe.
2. Der Vulkanausbruch dauerte mehrere Monate. Warum war es dennoch richtig, die Menschen schon am ersten Tag von der Insel fortzubringen (zu evakuieren)?
3. Aus welcher Richtung ist das Foto unten aufgenommen? Vergleiche mit der Karte.
4. Aus der Schilderung und aus dem Foto unten geht hervor, daß die Rettungsmannschaften der Naturkatastrophe nicht ganz hilflos gegenüberstanden. Berichtet.

Wenn der Fischereihafen durch Lava verschüttet worden wäre, hätten die Bewohner Heimaeys ihre Lebensgrundlage verloren. So aber konnte ein Teil der Bevölkerung schon nach kurzer Zeit auf die Insel zurückkehren, obwohl die Stadt verwüstet war.

Nicht immer treten Vulkanausbrüche unvorhergesehen auf. So konnten im Jahr 1977 die 70 000 Bewohner der Antilleninsel Guadeloupe vor dem Ausbruch des Vulkans Soufrière rechtzeitig weggebracht werden. Noch im Jahre 1902 waren bei der Explosion des Mont Pelé auf der Nachbarinsel 36 000 Menschen ums Leben gekommen.

Löschboote versuchen, die Hafenbucht freizuhalten

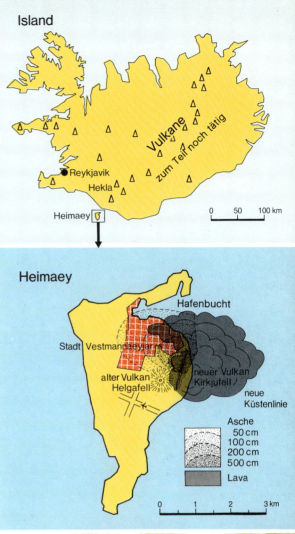

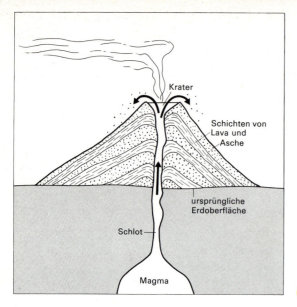

Schichtvulkane und Schildvulkane

Viele Vulkane sind hohe Berge. Ein paar Beispiele:

- der Ätna auf der Insel Sizilien, 3 340 m hoch
- der Fudschijama, höchster Berg von Japan, 3 776 m hoch
- der Pico de Teide auf der Insel Teneriffa, 3 718 m hoch
- der Kilimandscharo, höchster Berg von Afrika, 5 895 m hoch

1 Sprecht über die erste Zeichnung links. Wie ist der Vulkanberg entstanden?

2 Zeichne diesen Vulkan ab und zeichne daneben, wie er zu Beginn seiner Entstehung ausgesehen haben könnte.

3 Ein Lückentext, in den die Wörter aus der ersten Zeichnung eingesetzt werden sollen: Das Magma steigt im . . . nach oben. Aus dem . . . fließt das glutflüssige Gestein heraus: die Lava. Aber auch feinere und gröbere Gesteinstrümmer werden herausgeschleudert. Allmählich entsteht ein Vulkanberg aus Schichten von . . . und . . . . Der Berg wächst und wächst. So wird auch der Schlot immer länger. Schließlich liegt der Krater hoch über der ursprünglichen . . .

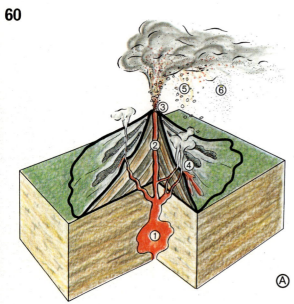

Die meisten Vulkane der Erde sind solche **Schichtvulkane**. Das sind steile, hohe, kegelförmige Berge.

Aber es gibt noch eine andere Vulkanform. Sie entsteht, wenn sehr heiße, dünnflüssige Lava ausfließt. Die Lava fließt sehr rasch (manchmal 50 km pro Stunde!), und sie breitet sich weit aus. Diese Vulkanberge sind flach, aber sehr breit. Beispiele für solche **Schildvulkane** gibt es auf den Inseln Island und Hawaii.

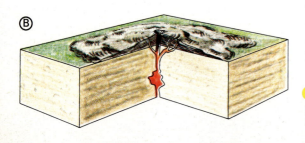

4 Welches der beiden Blockbilder links zeigt einen Schildvulkan, welches zeigt einen Schichtvulkan?

5 Im Blockbild A stehen die Zahlen 1—6. Ordne ihnen die richtigen Begriffe zu:
— Hauptkrater am Gipfel
— Nebenkrater mit frischem Lava-Ausbruch
— Magma in der Erdkruste
— Schlot
— Asche
— Bomben
(Einige Begriffe sind in dem vorigen Kapitel erklärt.)

6 Ist der Vulkan in dem Foto rechts unten ein Schichtvulkan oder ein Schildvulkan?

Einige Vulkanausbrüche, von denen die Welt sprach

79 n. Chr. Bei einem Ausbruch des Vesuv in Italien fällt ein stundenlanger, dichter „Regen" von heißer Asche hernieder. Drei Städte werden völlig zugedeckt. Viele tausend Menschen sterben.

1783 Aus der Laki-Spalte auf Island fließt ein halbes Jahr lang Lava heraus, die größte Lava-Masse, von der je berichtet wurde. Schließlich sind 565 km² mit Lava zugedeckt. (Vergleiche mit der Größe eures Landkreises!) Durch ausströmende giftige Gase wird auf der ganzen Insel das Weideland für Rinder und Schafe vernichtet. Eine Hungersnot ist die Folge, etwa 12 000 Menschen sterben.

1883 In einer ungeheuren Explosion fliegt die Vulkan-Insel Krakatau in die Luft. Der Knall ist — vier Stunden später — noch in 5 000 km Entfernung zu hören! Eine 37 m hohe Flutwelle überschwemmt alle umliegenden Inseln: Zehntausende von Toten.

1902 Aus dem Vulkan Mont Pelée auf der Insel Martinique rast eine glühendheiße Gaswolke bergab und über die Stadt St. Pierre hinweg. In wenigen Sekunden sind alle 36 000 Einwohner tot — bis auf einen: Ein Sträfling in einem unterirdischen Verließ überlebt die Katastrophe.

1963 Vor der Küste Islands bricht unter Wasser ein neuer Vulkan aus. Der Berg aus Lava und Asche wächst. Schließlich ist eine neue Insel entstanden, die mehr als 170 m über den Meeresspiegel ragt.

Lavastrom am Ätna

Fudschijama

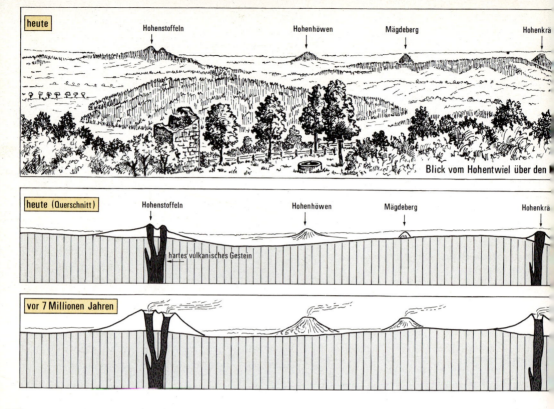

Blick vom Hohentwiel über den …

Gibt es Vulkane auch in Deutschland?

Ja, wenn du vor 10 000 Jahren oder noch früher gelebt hättest, dann hättest du vielleicht auch in Deutschland einen Vulkanausbruch erleben können! Da gab es Vulkane in der Eifel und in der Rhön, im Hessischen Bergland und im Westerwald, im Kaiserstuhl und auf der Schwäbischen Alb, in der Oberpfalz und im Hegau und an manchen anderen Stellen. Heute sind diese Vulkane alle nicht mehr tätig; viele sind schon seit Millionen von Jahren erloschen.

1 Acht deutsche Landschaften wurden hier aufgezählt. Suche sie im Atlas auf einer Deutschlandkarte. Welche dieser Landschaften liegt deinem Heimatort am nächsten?
2 Sprecht über die drei Zeichnungen oben. Welches ist das auffälligste Merkmal dieser Landschaft? Was sagen die Bilder über die Entstehung der Berge?

Beispiel 1: Hegau

Bei der Stadt Singen westlich vom Bodensee erhebt sich ein steiler Berg: der Hohentwiel. Auf dem Gipfel steht die Ruine einer Burg. Ein paar Mauerreste und den alten Burgbrunnen erkennst du auf der Zeichnung.
Vom Hohentwiel aus können wir die Landschaft des Hegau weit überblicken.

3 Waren die Vulkane im Hegau Schildvulkane oder Schichtvulkane?
4 Welches typische Merkmal eines Vulkans haben die heutigen Berge im Hegau nicht mehr?
5 Manchmal werden solche Vulkane auch als „Vulkan-Ruinen" bezeichnet. Erkläre diesen Begriff.

Das Weinfelder Maar in der Eifel

Beispiel 2: Eifel

In der Eifel gibt es mehrere kreisrunde Vertiefungen. Die meisten sind mit Wasser gefüllt. Tiefe, düstere Seen sind es mit steilen Uferböschungen – fast ein wenig unheimlich! Seit alter Zeit werden sie **Maare** genannt. (Einzahl: das Maar.)
Das sind die jüngsten Vulkane Deutschlands. Manche sind „erst" vor 10 000 Jahren entstanden.
Ein Maar ist das Ergebnis eines einzigen Ausbruchs. Meist war es nur ein Gasausbruch, ein Ausbruch ohne Lava und ohne Asche. Das Gas stieg aus der Tiefe im Schlot auf. Dicht unter der Oberfläche sammelte es sich. Der Druck wurde immer größer. Schließlich gab es eine gewaltige Explosion. Das Gestein wurde hoch emporgeschleudert. Rings um den Explosionskrater fielen die Gesteinstrümmer wieder herab. Oft ist dieser ringförmige Wall heute noch erhalten.
Aber die Maare sind nicht die einzigen vulkanischen Formen in der Eifel. Da gibt es auch noch Aschenkegel mit gut erkennbaren Kratern. Und es gibt auch Vulkan-Ruinen wie im Hegau.

6 Warum hat sich bei den Maaren kein hoher Vulkanberg gebildet?
7 Zeichnung unten: Welcher der beiden Vulkane ist früher erloschen, der mittlere (B) oder der linke (A)?
8 Unten sind drei vulkanische Formen gezeichnet:
— Vulkan mit Krater und Aschenkegel
— Maar
— Vulkan-Ruine
Schreibe auf: A = ..., B = ..., C = ...

Vulkanische Formen in der Eifel

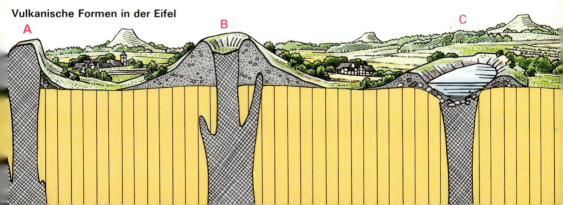

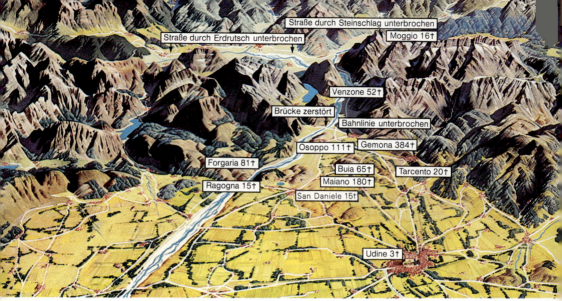

Das Gebiet der Erdbebenkatastrophe in Norditalien

Erdbebenhilfe für Norditalien

6. Mai 1976
Kurz vor 21 Uhr erschütterte ein heftiges Erdbeben die Provinz Friaul in Norditalien. Die Hausfrau Bruna Montanari aus Maiano berichtet darüber folgendes:

„Als das Unglück über uns hereinbrach, saßen wir beim Abendessen. Plötzlich begannen die Möbel zu zittern. In die Radiomusik mischte sich ein unheimliches Grollen. Ich lief auf den Balkon. Im selben Augenblick spürte ich eine neue, heftige Bewegung. Eben sah ich noch, wie der gegenüberliegende Glockenturm und mehrere Häuser einfach in sich zusammensanken. An ihrer Stelle wirbelte eine riesige Staubwolke auf. Ich stand wie versteinert. Nur ein Geschäftshaus aus Stahlbeton war stehengeblieben. Mein Mann und meine Tochter rissen mich vom Balkon. Wir fielen praktisch die Treppe hinunter und hasteten über Schutt und Geröll ins Freie. Draußen rannten die Menschen schreiend umher. Es herrschte ein unbeschreibliches Durcheinander. Mehrere Häuser standen auf einmal in Flammen. An Löscharbeiten war nicht zu denken, da außer den Strom- auch die Wasserleitungen unterbrochen waren."

Eine Woche später:
Inzwischen hat man in den von der Katastrophe zerstörten Städten und Dörfern damit begonnen, nach den Verschütteten zu suchen und die Toten zu beerdigen. In einem Gebiet mit etwa 500 000 Einwohnern wurden 1 000 Menschen getötet und 2 500 verletzt. Rund 20 000 Wohnungen wurden zerstört oder sind unbrauchbar. Die Bevölkerung wurde gegen Typhus geimpft. Viele der 100 000 Obdachlosen sind verzweifelt. Wolkenbruchartige Regenfälle behindern die Aufräumungsarbeiten an den beschädigten Gebäuden und lassen die aufgestellten Notzelte im Morast versinken.

15. September 1976:
Den ganzen Sommer ist die Erde nicht zur Ruhe gekommen. Am Mittwoch erschütterte ein weiterer Erdstoß das Katastrophengebiet. Inzwischen wiederaufgebaute Häuser wurden abermals zerstört. Jetzt sind auch die Tapfersten mutlos.
Insgesamt hat man bis zum Frühjahr 1978 über 300 Nachbeben registriert. Die Gesamtschäden werden auf etwa 11 Milliarden DM geschätzt.

Ein Überlebender

Helfer bei der Arbeit

1 Nenne einige Orte, die im Erdbebengebiet liegen und schwer betroffen wurden.

2 In manchen Orten trafen die Helfer erst nach drei Tagen ein. Warum ist es wichtig, daß die Hilfe schneller kommt?

3 Warum tragen die Helfer auf dem einen Foto Tücher vor Mund und Nase?

4 Was für Helfer werden gebraucht? Nenne mehrere Berufe.

5 Welche Gegenstände werden besonders dringend benötigt? Stellt eine Liste zusammen.

6 Wie kann man den Betroffenen schnell wieder eine Unterkunft beschaffen?

7 Angenommen, ihr werdet zu Hause oder in einem Ferienort von einem Erdbeben überrascht. Wie würdet ihr euch verhalten?

Erste Unterkünfte

Hilfe aus einer deutschen Stadt

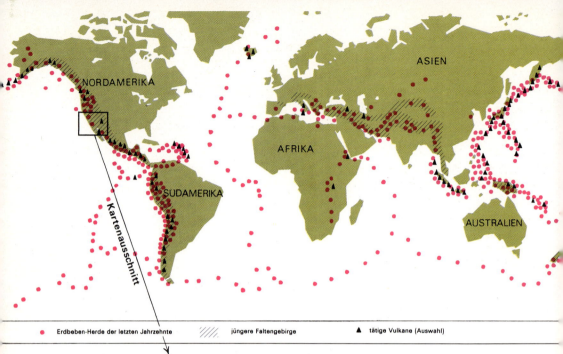

- Erdbeben-Herde der letzten Jahrzehnte
- jüngere Faltengebirge
- tätige Vulkane (Auswahl)

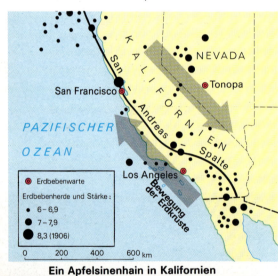

Ein Apfelsinenhain in Kalifornien

Wo wird es das nächste Erdbeben geben?

Am 18. April 1906 zerstörte ein Erdbeben die Stadt San Francisco in Kalifornien. 700 Menschen kamen ums Leben. Gebäude stürzten ein. Feuer brach aus. Aus den zerborstenen Gasleitungen war Gas ausgeströmt und hatte sich entzündet. Die Löscharbeiten waren schwierig. Viele Wasserleitungen waren zerbrochen, und überall versperrten Trümmer die Straßen.

Und das sah man nach dem Beben: Entlang einer 400 km langen Linie waren Zäune, Straßen, Rohrleitungen und Gräben durchgetrennt und um sechs Meter verschoben (s. Skizze):

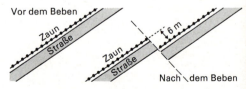

Diese Linie ist ein Teil der San-Andreas-Spalte, einer Bruchlinie in der Erdkruste.

❶ Die Apfelsinen-Plantage (Foto links unten) steht über der San-Andreas-Spalte. Was ist hier geschehen?

San Francisco wurde nach dem Erdbeben wieder aufgebaut. Heute ist die Stadt viel größer als 1906. Und sie steht immer noch auf der San-Andreas-Spalte! Viele Anzeichen deuten darauf, daß der Stadt San Francisco wieder ein verheerendes Beben bevorsteht.

Längs der San-Andreas-Linie haben Wissenschaftler hochempfindliche Instrumente aufgebaut, um den Zeitpunkt, das Gebiet und die Stärke des zu erwartenden Bebens vorherzusagen.

Noch vor wenigen Jahren hielt man es für unmöglich, **Erdbeben vorherzusagen.** Inzwischen können Chinesen und Amerikaner erste Erfolge melden. So weiß man heute, daß sich vor einer Katastrophe die Erdoberfläche über dem Erdbebenherd leicht aufwölbt. In der Erdkruste bilden sich daher feinste Risse, durch die Gase aus dem Erdinnern austreten. Auch die Beobachtung von Tieren spielt eine wichtige Rolle. So bleiben Hühner vor einem Erdbeben nachts im Freien; Hunde bellen, und Schlangen verlassen ihren Unterschlupf. Allerdings läßt sich der Zeitpunkt des Bebens wohl auch in Zukunft nicht auf Tag und Stunde genau angeben.

② Wie würdet ihr ein Wohnhaus in einem erdbebengefährdeten Gebiet bauen? Versucht ein paar Entwürfe.

Die Stärke von Erdbeben

Stärke	Kurze Beschreibung
1	nicht spürbar
2	nur in oberen Stockwerken von Häusern spürbar
3	Erschütterung von Häusern wie beim Vorbeifahren eines Lastwagens
4	Türen bewegen sich, Fenster klirren
5	im Freien spürbar, Gegenstände fallen um
6	Geschirr zerbricht, Bilder fallen von den Wänden, erste Gebäudeschäden
7	Stehen fällt schwer, Rohrleitungen werden undicht
8	Häuser bekommen Risse, im Boden reißen Spalten auf
9	einzelne Häuser stürzen ein, Eisenbahnschienen verbiegen sich
10	große Zerstörungen, riesige Erdrutsche
11	schwerste Zerstörungen, breite Spalten an der Erdoberfläche
12	völlige Zerstörung aller Gebäude

③ Gibt es Gebiete, wo man vor Erdbeben sicher ist? Betrachtet die Karte oben links und nehmt eine Staatenkarte aus dem Atlas zu Hilfe. Nennt fünf Länder, in denen es keine Erdbeben gibt, und fünf Länder, die besonders gefährdet sind.

Vielleicht hast du bei den erdbebensicheren Ländern auch Deutschland aufgeschrieben. Da würden dir die Schüler aus Baden-Württemberg aber etwas erzählen! Unten steht ein Zeitungsbericht vom 4. 9. 1978.

Sonntagfrüh 06.08 Uhr:
Millionen stürzen aus den Betten: Es sieht aus wie nach dem Krieg

nt Stuttgart. Sonntagfrüh 6.08 Uhr: Millionen Bewohner Baden-Württembergs und benachbarter Gebiete stürzen aus ihren Betten. Zitternde Wände, schwankende Schränke und Hilfeschreie — von den Nachttischen fallen Wecker, Bilder zerspringen auf dem Boden, und wie von Geisterhand öffnen sich Türen von Schränken. „Wir dachten, die Heizung ist in die Luft geflogen", kommentiert eine Frau in Bietigheim (Kreis Ludwigsburg), 70 km entfernt vom Zentrum des schwersten Erdbebens in Süddeutschland seit Kriegsende. Sie steht noch unter dem Schock des Geschehens.

Im Umkreis von mindestens 40 bis 50 Kilometer um den Erdbebenmittelpunkt bei Albstadt (Zollernalb-Kreis) stürzen Zehntausende in Schlafanzügen auf die Straßen. Am schlimmsten trifft es den Stadtteil Tailfingen und die benachbarte Gemeinde Burladingen. Ganze Wohnungseinrichtungen stürzen durcheinander, fenstergroße Löcher tun sich in den Außenwänden auf. Hunderte von Kaminen poltern die Dächer herunter. Noch am Nachmittag sitzen Menschen verängstigt in den Gärten. Manche haben bis zum Mittag nicht einmal Socken an.

Auf der schon oft von Erdbeben zerstörten Burg Hohenzollern bei Hechingen bleibt kein Raum unbeschädigt. Die Burgverwalterin auf dem Stammsitz der letzten deutschen Kaiser hatte eine Vorahnung. Schon am Sonnabendnachmittag spürte sie ein leichtes Beben und schickte ihre Kinder zu Verwandten. „Wäre das Unglück drei oder vier Stunden später passiert, hätte es hier mit Sicherheit zahlreiche Verletzte, vielleicht sogar Tote gegeben." Die Burg wird sonntags oft von mehreren tausend Menschen besucht.

Herabstürzende schwere Steinbrocken haben das Kreuzgewölbe der mittelalterlichen Kapelle zerstört. Die Zinnen des in der Mitte des 19. Jahrhunderts wiederaufgebauten Schlosses sind abgebrochen. (4)

Wo die Kälte regiert

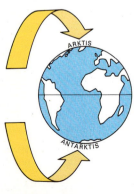

Das Forschungsschiff POLARSIRKEL bahnt sich einen Weg durch das Packeis der Antarktis.

70 Wettlauf zum Südpol

72 Forschungsstationen im Eis

74 Polartag und Polarnacht

76 Wie die Eskimos früher gelebt haben

78 Die Lebensweise der Eskimos verändert sich

80 Nahrung aus dem Südpolarmeer

Zu den lebensfeindlichsten Räumen der Erde zählen die Polargebiete. Ob wir das aushalten würden: die Kälte, die Stürme, die monatelange Dunkelheit im Winter? Trotzdem gibt es dort Menschen: die Eskimos. Sie leben im Norden von Nordamerika. Wie haben sie es nur geschafft, in diesem Gebiet ohne Hilfe von außen zu überleben?
Erst zu Beginn unseres Jahrhunderts haben mutige Forscher den Nordpol und den Südpol erreicht. Heute stehen sogar Forschungsstationen auf dem Südpol. Sie sind im Sommer und im Winter besetzt. Was tun die Wissenschaftler dort? Wie leben sie?

\multicolumn{9}{l}{Einige Expeditionen zum Nordpol und zum Südpol}
Jahr	Name	Nationalität	Ziel	Transport	Erfolg +/−	Bemerkungen
1827	Parry	GB	Nordpol	zu Fuß, Bootsschlitten	−	
1881−84	Greely	USA	Nordpol	zu Fuß, Schlitten, Boote	−	
1893−96	Nansen	N	Nordpol	Schiff, Hundeschlitten	−	Umkehr 420 km vor dem P
1905/06	Peary	USA	Nordpol	Hundeschlitten	−	Umkehr 270 km vor dem P
1908/09	Shackleton	IRL	Südpol	zu Fuß, Pony-Schlitten	−	Umkehr 168 km vor dem P
1908/09	**Peary**	USA	Nordpol	Hundeschlitten	+	Am 6. 4. 1909 am Nordpol
1910/11	**Amundsen**	N	Südpol	Hundeschlitten	+	Am 14. 12. 1911 am Südp
1910/12	**Scott**	GB	Südpol	Pony-Schlitten und zu Fuß	+	Am 17. 1. 1912 am Südpo stirbt auf dem Rückweg
1926	Byrd	USA	Nordpol	Flugzeug	+	
1957/58	Fuchs/Hillary	GB/NZ	Südpol	Raupenfahrzeuge	+	Erste Durchquerung der Antarktis
1958		USA	Nordpol	Atom-U-Boot „Nautilus"	+	Am Nordpol aufgetaucht

GB = England, USA = Vereinigte Staaten von Amerika, N = Norwegen, IRL = Irland, NZ = Neuseeland

Wettlauf zum Südpol

Um 1900 war es noch keinem Menschen gelungen, zum Nordpol oder zum Südpol vorzudringen. Mehrere Expeditionen waren gescheitert. Erst als die Forscher von den Eskimos lernten, mit Hundeschlitten zu fahren, kam der Erfolg. Der Amerikaner Peary erreichte im April 1909 als erster den Nordpol. Er war dem Norweger Amundsen zuvorgekommen. Kurz entschlossen änderte Amundsen seinen Plan und wählte als neues Ziel den Südpol. Zur gleichen Zeit wollte auch der Engländer Scott dorthin. Die Eroberung des Südpols wurde zu einem Wettrennen der beiden Expeditionen: Scott gegen Amundsen. Beide hatten sich lange und gewissenhaft vorbereitet. Amundsen wollte das Ziel mit Hundeschlitten erreichen; Scott versuchte es mit Pony-Schlitten und zu Fuß. Das Tagebuch von Scott gibt Auskunft über die Ereignisse:

Scott und seine Männer auf dem Wege zum Südpol, 1911

← Streckenmeßgerät

Bis zum McMurdo-Sund waren Scott und seine Männer mit dem Schiff gefahren. Dort hatten sie ein Lager aufgebaut. Am 1. November 1911 begann der große Marsch. Die Ponys waren bald am Ende ihrer Kräfte. Die Männer mußten sich selbst vor den großen Schlitten spannen. Zu Fuß zogen sie weiter. 1400 km bis zum Pol!

15. Januar 1912: „Nur noch 43 km bis zum Pol. Wir müssen es schaffen — koste es, was es wolle."

16. Januar: „Wir brachen in gehobener Stimmung auf, denn wir hatten das sichere Gefühl, morgen unser Ziel zu erreichen. Etwa nach der zweiten Marschstunde entdeckten Bowers' scharfe Augen etwas, das er für eine Wegmarkierung hielt. Wir hasteten weiter und entdeckten, daß es eine schwarze, an einem Schlittenrest befestigte Flagge war. In der Nähe ein verlassener Lagerplatz."

Die Nacht verbrachten die Männer ohne Schlaf. Sie waren zu aufgeregt. Am nächsten Tag erreichten sie den Pol.

17. Januar: „Ein grauenvoller Tag liegt hinter uns. Einmal die Enttäuschung und dann der Wind, der uns mit Stärke 4 bis 5 bei 30 Grad Kälte entgegenblies. Die Luft ist voll von jener seltsamen Feuchtigkeit, die innerhalb kurzer Zeit das Mark in den Knochen erstarren läßt. Sonst ist hier nichts zu sehen. Nichts, was sich von der schauerlichen Eintönigkeit der letzten Tage unterschiede. Großer Gott! Und an diesen entsetzlichen Ort haben wir uns mühsam hergeschleppt und erhalten nun als Lohn nicht einmal das Bewußtsein, die ersten gewesen zu sein."

Amundsen hatte schon am 14. Dezember 1911 den Südpol erreicht. Er hatte die norwegische Flagge an einem Zelt hinterlassen. Maßlos enttäuscht traten Scott und seine Männer den langen Rückweg an.

17. Februar: „Ein grauenvoller Tag! Evans spannte sich vor den Schlitten, verlor jedoch nach einer halben Stunde den Halt auf den Schneeschuhen und mußte ausgeschirrt werden. Er bat Bowers um ein Stück Bindfaden und blieb zurück. Als Evans nicht kam, packte uns die Angst, und wir liefen zurück. Ich war entsetzt über sein Aussehen. Um halb ein Uhr nachts ist er gestorben."

Einen Monat später starb auch Oats. Die letzten drei Männer, Scott, Bowers und Dr. Wilson, gerieten Ende März in einen tagelangen Schneesturm. Sie kamen nicht weiter.

29. März 1912: „Am 20. hatten wir Brennstoff, um zwei Schalen Tee pro Mann zuzubereiten und Essen für noch zwei Tage. Ich glaube nicht, daß wir jetzt noch auf Besserung hoffen können. Wir werden schnell schwächer, und der Tod kann nicht mehr fern sein."

Acht Monate später wurden die Toten in ihrem Zelt gefunden. (5)

Südpol-Expedition von Fuchs und Hillary 1958

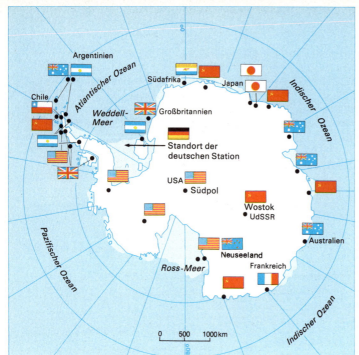

◀ **Forschungsstationen auf der Antarktis**

1 Etwa 30 Forschungsstationen gibt es heute auf der Antarktis. Sie sind auf der Karte mit Fähnchen dargestellt. Schreibe auf, zu welchen Staaten die Forschungsstationen gehören.

2 Auf der Zeichnung unten kannst du die gewaltigen Eismassen erkennen, die auf der Antarktis liegen. Wie dick ist die Eisdecke am Südpol? Wie dick ist sie bei der Station Wostok?

Forschungsstationen im Eis

Der sechste Kontinent ist größer als Europa – und er gehört niemandem!

Lange Zeit bestand kein Interesse an der Antarktis. Wertvoll waren höchstens die Wale, die in den Küstengewässern gejagt wurden. Sonst gab es nichts, nur Pinguine, Robben und Möwen, nur Wasser und Kälte, Eisberge und Gletscher.

Diese Meinung hat sich geändert. Heute hält man die Antarktis für einen reichen Erdteil. Man denkt an Kohle und Erze, an Erdöl und Erdgas, an Fische ...

Mehrere hundert Forscher leben und arbeiten heute auf der Antarktis. Sie sollen die Antarktis und ihre „Schätze" genau untersuchen. Es gibt bereits 30 Forschungsstationen. Diese Forschungsstationen sind von zehn verschiedenen Staaten dort eingerichtet worden.

Viele Wissenschaftler leben nur im „Som-

mittlere Temperaturen am Südpol in° C	J	F	M	A	M	J	J	A	S	O	N	D
	−29	−40	−54	−59	−57	−57	−59	−59	−59	−51	−38	−28

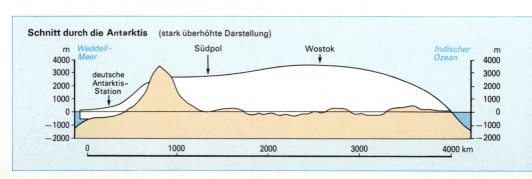

Deutsche Forschungsstation im Eis der Antarktis (ab 1981)

mer" auf der Antarktis. Einige müssen aber auch im Winter ausharren. Sie sind dann in ihren Stationen von der Außenwelt abgeschnitten. Kein Schiff, kein Flugzeug kommt im Winter, keine Post. Nur der Funkverkehr verbindet sie mit der Heimat. Draußen sinken die Temperaturen manchmal tiefer als −80° C. Es ist dunkel, es stürmt. Am schlimmsten ist die Einsamkeit. Was tun die Forscher?

Die **Biologen** untersuchen z. B. Fische und Krill, um herauszufinden, ob sie dem Menschen als Nahrung dienen können. Sie tauchen sogar unter das Eis im Meer, um Tiere zu beobachten.

Die **Geologen** untersuchen die Gesteine und forschen nach Bodenschätzen. Man kennt heute schon reiche Lagerstätten von Kohle, Eisenerz, Erdöl und Erdgas.

Die **Klimaforscher** messen Temperaturen, Niederschlagsmengen, Sonnenscheindauer, Staub- und Abgasmengen in der Luft.

Die **Gletscherforscher** untersuchen das Eis. Sie messen die Geschwindigkeit der Gletscherbewegungen. Sie bohren tiefe Löcher und untersuchen das herausgebohrte Eis: Der Eispanzer ist nämlich aus Schichten aufgebaut. Sie stammen vom Schnee, der hier in Jahrtausenden gefallen ist. So können die Forscher etwas über die Vergangenheit der Antarktis erfahren.

USA-Forschungsstation

Gletscherforscher

24 Stunden am Nordkap   12 Uhr S

Polartag und Polarnacht

☐ Es war in einer Schule im Norden von Norwegen. Ein Februartag, kurz vor Mittag. Immer wieder sah Herr Jensen, der Lehrer, auf seine Taschenuhr. Und plötzlich rief er: „Jetzt!" Alle stürmten aus dem Klassenzimmer, rissen die Jacken von den Haken, stülpten sich die Mützen über den Kopf und stürzten hinaus. Der Himmel war rot. Vor dem Schulhof blieben sie stehen, starrten nach Süden und warteten. Sie trampelten im Schnee herum und riefen unsinnige Worte. Plötzlich wurde es still. Ein ganz, ganz kleines Sonnenkäppchen kam aus dem Meer gestiegen. Und zugleich donnerte ein Kanonenschuß über die Bucht. Das war ein Gruß an die Sonne. Noch bevor der zweite Schuß ertönte, brach lauter Jubel aus allen Kehlen. Es war ein hundertstimmiges Freudengeschrei. Dann kamen der zweite Schuß und der dritte.

Die Sonne sandte ein paar starke Strahlen über die Insel. Man spürte sie im Gesicht. Die Kinder schrien und trampelten weiter im Schnee. Sie konnten nicht anders.

Es dauerte nur kurze Zeit. Das rote Käppchen wurde kleiner und kleiner und versank wieder im Meer. Nun sah alles noch grauer und dunkler aus als vorher. „Aber morgen kommt sie wieder, die Sonne", flüsterte jemand. (6)

Polarnacht und Polartag am Nordkap

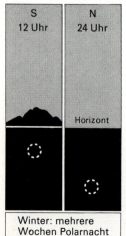

Winter: mehrere Wochen Polarnacht | Frühling | Sommer: mehrere Wochen Polartag | Herbst

Im Winter wird es in Nordnorwegen mehrere Wochen lang nicht hell. Im Dunkeln gehen die Kinder zur Schule, im Dunkeln kehren sie wieder heim. Es ist dunkel draußen, wenn die Menschen zu Mittag essen, es ist dunkel, wenn sie arbeiten, spielen und schlafen. **Polarnacht** heißt diese Zeit, in der die Sonne nicht über den Horizont steigt.
Wer genau am nördlichen **Polarkreis** wohnt, erlebt die Polarnacht nur an einem Tag im Jahr: am 22. Dezember. Dann bleibt es dunkel, auch mittags. Weiter nach Norden dauert die Polarnacht länger, mehrere Tage, Wochen, Monate. Am Nordpol dauert die Polarnacht ein halbes Jahr.
Im Sommer ist es umgekehrt: An mehreren Tagen, Wochen oder Monaten geht die Sonne überhaupt nicht unter! Das ist der **Polartag**. Es wird nicht dunkel. Auch um Mitternacht steht die Sonne am Himmel: die **Mitternachtssonne**. Wenn du die Mitternachtssonne erleben willst, mußt du in den Norden reisen, mindestens bis zum Polarkreis. Am 21. Juni mußt du dort sein und nicht schlafen gehen. Auch an diesem Abend sinkt die Sonne herab, aber sie verschwindet nicht. Sie berührt nur den Horizont. Es ist 24 Uhr, und du siehst die Sonne genau im Norden. Und schon beginnt sie wieder zu steigen und zieht weiter ihre Bahn in Richtung Osten.

Je näher du dem Nordpol kommst, desto länger dauert der Polartag:	
in Narvik	schon 54 Tage
am Nordkap	78 Tage
auf Spitzbergen	119 Tage
und am Nordpol	ein halbes Jahr
(vom 21. März bis zum 23. September).	

1 Unter dem großen Foto findest du die Angabe 12 Uhr und S (Süden). An welcher Stelle muß 24 Uhr und N stehen?

2 Beschreibe die vier Zeichnungen auf der linken Seite.

3 Zu welcher der vier Zeichnungen paßt das große Foto? Begründe.

4 Und nun zum Diagramm auf dieser Seite! Beschreibt und vergleicht.

Tag und Nacht auf der Nordhalbkugel

	Nordpol	Nordkap	Mitteleuropa	Äquator
1. Jan.	■	■	▨	▨
1. Febr.	■	▨	▨	▨
1. März	■	▨	▨	▨
1. Apr.	□	▨	▨	▨
1. Mai	□	▨	▨	▨
1. Juni	□	□	▨	▨
1. Juli	□	□	▨	▨
1. Aug.	□	▨	▨	▨
1. Sept.	□	▨	▨	▨
1. Okt.	■	▨	▨	▨
1. Nov.	■	▨	▨	▨
1. Dez.	■	■	▨	▨

Wie ein Iglu gebaut ist

Eingang mit „Kältefalle"
(Kalte Luft ist schwerer als warme!)

Mit Hundeschlitten unterwegs

Jagd am Eisloch

Lärm verscheucht die Seehunde von den anderen Atemlöchern.

An diesem Stab erkennt der Jäger, ob der Seehund am Atemloch ist.

Wie die Eskimos früher gelebt haben

☐ Die Männer sind sich einig: An dieser Bucht soll das **Winterlager** entstehen. Es ist Oktober. Das Land im Norden Kanadas liegt schon unter Schnee. Nun wird es Zeit! Sie nehmen lange Messer und schneiden festen Schnee in Blöcke. Das sind die „Bausteine" für die Iglus. Ein kleines „Dorf" entsteht: fünf, sechs Iglus dicht beieinander, für jede Familie ein Iglu. Innen gibt eine Tranlampe etwas Licht und Wärme. Rentierfelle sind die „Betten".

Einige hundert Kilometer entfernt leben andere Eskimos. Sie bauen ihre Winterhütten aus Steinen und Torf. Wände und Dach bestehen aus drei Schichten: innen und außen Steine, dazwischen Torf. Zusätzlich schützt der Schnee. Solche Hütten kann man auch im nächsten Winter wieder benutzen.

Bald beginnt die Seehundjagd auf dem Eis an der Küste. Der Jäger sucht die Atemlöcher der Seehunde. Er stellt sich daneben und wartet, regungslos, oft stundenlang – um dann blitzschnell mit der Harpune zuzustoßen.

Auf dem Eis ist es sehr kalt, manchmal –40° C und windig dazu. Da braucht man besonders warme Kleidung. Die Frauen haben alle Kleidungsstücke aus Fellen genäht: Hemden, Hosen, Schuhe, Anoraks und Handschuhe.

Der Winter ist die Zeit der weiten Reisen, z. B. nach fernen Jagdgründen oder auch zu Freunden und Verwandten. Mit dem Hundeschlitten legt ein Eskimo in wenigen Tagen weit über hundert Kilometer zurück. Unterwegs übernachtet er in einem Klein-Iglu, den er in einer Stunde aufbauen kann.

Hunde und Schlitten werden auch für die Jagd auf Eisbären gebraucht:

„Als ein Eisbär in Sicht kommt, wird das Gepäck abgeworfen. Das Schlittengespann mit dreizehn Hunden fliegt in rasender Fahrt über das Eis, genau auf den Bären zu. Der Jäger hat sich auf den Schlitten geworfen. Er holt die Zugleinen der drei besten Hunde ein und kappt sie. Der Bär ist jetzt in voller Flucht zur nächsten offenen Wasserrinne. Das Schlittengespann ihm nach. Der Eskimo läßt mehr und mehr Hunde frei. Sie sollen den anderen helfen, die den Bären bereits umrunden und nach ihm schnappen. Der Bär schleudert einige beiseite. Kurz bevor der Jäger seine Beute erreicht, bricht das Tier in der Meute angreifender Hunde zusammen. Auch ein Hund ist tot, andere sind durch Bisse und Prankenhiebe des Bären verletzt." (7)

Im **Sommer** ist alles ganz anders. Im Mai, wenn Schnee und Eis tauen, verlassen die Eskimos ihre Winterlager. Sie ziehen an die Flüsse, wo sie Fische jagen; dazu benutzen sie Fischspeere mit Widerhaken. Besonders wichtig für die Jagd sind die Stellen, an denen Karibus (Rentiere) vorbeikommen: Wenn eine Herde auf ihrer großen Wanderung einen Fluß durchschwimmen muß, sind die Jäger den Tieren überlegen, denn mit ihren Kajaks sind sie schneller! Auch Seehunde und Walrosse werden vom Kajak aus gejagt.

Die Familien leben jetzt in Zelten, die aus Rentierfellen genäht sind. Frauen und Kinder sammeln Vogeleier, Kräuter, Beeren und Brennmaterial. Aber zum Brennen gibt es nur Sträucher, kein dickes Holz. In der Tundra wachsen keine Bäume.

Eskimo mit Kajak und Harpune

Einige Jagdtiere der Eskimos

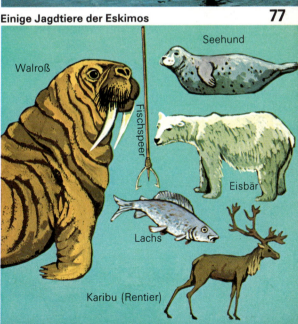

① Viele Leute glauben, daß Eskimos am Nordpol leben. Warum kann das nicht stimmen? Wie ist es richtig?
② Begründe, warum Eskimos viel unterwegs sein müssen.
③ Was müssen Eskimos können? Zähle auf.

Die Lebensweise der Eskimos verändert sich

1900

Die Eskimos versorgen sich selbst aus der Natur.

Geld ist unbekannt.

Es gibt keine Handelsstationen, in denen Pelze verkauft oder Waren gekauft werden können.

Für 1900 gibt es also keine Einkaufsliste

1950

Einkaufsliste:

Munition
Schneeschuh
MEHL
SALZ
ZUCKER

1980

Einkaufsliste:

Motorschlitten
MARGARINE
ZUCKER MEHL SALZ

78 Einkünfte der kanadischen Eskimos

1900	1950	1980
	Staatliche Unterstützung	Staatliche Unterstützung
	Löhne und Gehälter	
	Verkauf von Fellen	Löhne und Gehälter
Selbstversorgung		Verkauf von Fellen
	Selbstversorgung	Selbstversorgung

Akaluk, der alte Eskimo, lebt jetzt im Hause seines Sohnes in Repulse Bay. Er erzählt gern von der alten Zeit:

„Als ich ein Junge war, gab es diesen Ort noch gar nicht. 1920 wurde an der Bucht das erste Haus gebaut, das Haus des weißen Händlers. Das hat sich schnell herumgesprochen. Wir kamen und staunten. Zum erstenmal sah ich ein richtiges Haus! Und dann die Sachen im Laden: Gewehre, Fallen, Schneeschuhe, Laternen, Konserven, Zucker, Mehl. Schöne Sachen!

Der Händler wollte Felle dafür haben, die er im Süden weiterverkaufte: Felle von Seehunden, von Polarfüchsen, von Eisbären. Wir haben schnell gelernt, wie man mit Fallen Polarfüchse fängt. Noch schneller haben wir gelernt, mit Gewehren umzugehen. Schießen war mein größtes Vergnügen! Mit Gewehren war es leicht, Rentiere und Eisbären zu jagen. Es war eine gute Zeit. Aber je mehr wir schossen, desto weniger Tiere gab es.

Nun hilft uns die Regierung: Sie gibt den Familien Geld für die Kinder. Sie zahlt Geld an uns Alte. Sie hat uns sogar diese Häuser geschickt. Ich habe eines der ersten bekommen. Das war 1955. Seitdem leben wir ständig hier in Repulse Bay. Mehr als hundert Häuser sind es jetzt, dazu die Kirche, die Polizei, die Krankenstation, die neue Schule.

Trotzdem! Meine Nachbarn fahren noch jeden Tag zum Fischen hinaus. Und im Sommer ziehen immer wieder ganze Familien für Wochen in die Wildnis, leben in Zelten, jagen.

Mein Sohn Alex macht es auch so. Er ist ein guter Jäger geworden. Der Motorschlitten draußen gehört ihm, hat 1 000 Dollar gekostet. Alex bekommt Arbeitslosengeld von der Regierung, wie die meisten Männer. Am liebsten würde er bei der Genossenschaft arbeiten, aber so viel Arbeit gibt es dort nicht. Die Genossenschaft ist eine gute Sache. Für die Felle zahlt sie mehr als der Händler, auch für die Stein- und Elfenbeinfiguren, die hier für Touristen und Kaufhäuser im Süden geschnitzt werden."

① Im dünn besiedelten Nordkanada gibt es nur wenige Arbeitsplätze. Zähle auf, womit die Eskimos in Repulse Bay Geld verdienen könnten. Nimm den Text zu Hilfe.

Häuser kanadischer Eskimos

Heimkehr von der Karibu-Jagd
Elfenbein-Schnitzer

Die WALTHER HERWIG in der Antarktis

So voll wird das Netz nur bei Krill

Nahrung aus dem Südpolarmeer?

☐ In vielen Ländern der Erde sind Nahrungsmittel knapp. Menschen hungern, verhungern! Wissenschaftler überlegen daher, ob nicht auch die Ozeane mehr als bisher für die Ernährung der Menschheit genutzt werden können.

Bisher arbeiten unsere Hochseefischer hauptsächlich in der Nordsee und im Nordatlantik. Sie fangen Schellfisch, Kabeljau, Rotbarsch und Seelachs. Die Fangmengen dürfen nicht vergrößert werden, weil sonst nicht genügend Fische nachwachsen. Durch Überfischen sind schon heute einige Arten, z. B. die Heringe, selten geworden. Fisch wird knapp – überall auf der Welt! Können die Ozeane trotzdem mehr Nahrung liefern?

Andere nutzbare Meerestiere müssen gefunden werden. Neue Fangtechniken und neue Verarbeitungsmethoden müssen erprobt werden. Ist **Krill** eine Lösung?

Anfang dieses Jahrhunderts begannen norwegische Walfänger, im Südpolarmeer Wale zu jagen. Aus den Mägen der erlegten Tiere quollen viele Zentner kleiner Krebse – ähnlich unseren Nordseegarnelen („Krabben"). Die Norweger nannten diese wimmelnden Massen „Kryla". Wir sagen „Krill". Seitdem die Wale fast ausgerottet sind, hat sich der Krill stark vermehrt. Riesige, dichte Schwärme bevölkern die antarktischen Gewässer.

Eignet sich Krill für die menschliche Ernährung? Im Oktober 1977 verließen zwei Schiffe den Hamburger Hafen: das Fischereiforschungsschiff WALTHER HERWIG und das Fangfabrikschiff JULIUS FOCK. Die Besatzungen sollten in der Antarktis Krill fangen und untersuchen. Und sie sollten untersuchen, wo der Krill in besonders großen Mengen vorkommt (siehe Karte).

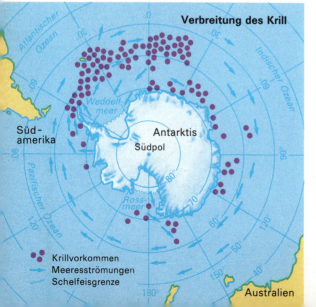

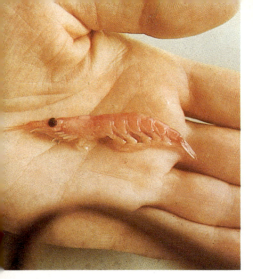
Der Krill wird 4 bis 5 cm lang

Im Labor an Bord

Ein halbes Jahr später waren die Schiffe zurück in Hamburg. Sie hatten tiefgekühlten Krill an Bord. Mit Hilfe von Maschinen wurde das Fleisch der Krebse aus den Schalen gepreßt. Die Köche gingen an die Arbeit und versuchten, aus dem Krill-Fleisch wohlschmeckende Speisen zu bereiten. Eines Tages erhielten Hamburger Zeitungsreporter die Einladung zu einem Krill-Essen: „Krill-Suppe, Krill-Frikadellen und Krill-Wurst gefällig?" Die Reporter staunten, und einige von ihnen haben die neuen Speisen mit dem ungewohnten Geschmack gelobt.

Als Grundnahrungsmittel – etwa für hungernde Menschen in Asien oder Afrika – ist Krill noch nicht geeignet: Wer regelmäßig viel Krill verzehrt, muß cine Erkrankung der Lunge und des Gehirns befürchten. Im Krill steckt nämlich auch ein schädlicher Stoff (Fluor), den man bisher nicht herauslösen konnte. Sobald das möglich ist, können jährlich 60 bis 70 Millionen Tonnen Krill gefangen werden. Der Fischereiertrag der Welt würde sich dadurch verdoppeln!

☐ Vielleicht werden wir eines Tages auch **Fische** aus dem Südpolarmeer kaufen können. Es sind andere Arten, als wir bisher kennen, z. B. „Weißblutfische" und „Marmorbarsche". Auch für die Fische ist der Krill wichtig. Sie leben von dem Krill, während der Krill von sehr kleinen Pflanzen lebt, die im Meerwasser treiben.

Nur drei Monate kann man im Südpolarmeer fischen (Dezember bis Februar). In den übrigen Monaten ist Winter, und das Eis versperrt den Weg.

Fische der Antarktis

84 Wälder bei uns und am Äquator

86 Holzfäller im Regenwald

88 Ein Tag im Tropischen Regenwald

90 Hackbauern in Nigeria

92 Kakaobauern in Ghana

94 Pygmäen

96 Gefährliche Mücken und Fliegen

Viele Leute glauben, den Tropischen Regenwald gut zu kennen. Sie haben nämlich Filme über Tarzan gesehen. Toll, wie der Urwaldmensch sich an den Lianen von Baum zu Baum schwingt! Wie er gefährliche Tiere und böse Menschen besiegt!
Aber ist das wirklich der Tropische Regenwald? Laßt uns genauer hinsehen und genauer fragen: Wie unterscheidet sich der Tropische Regenwald von unseren Wäldern? Regnet es dort wirklich jeden Tag? Was für Menschen leben dort? Wie ernähren sie sich? Haben sie unter Krankheiten zu leiden? ...
Ihr werdet sehen: Der Tropische Regenwald ist ganz anders, als er in den Tarzan-Filmen geschildert wird. Interessant ist er trotzdem!

Im Tropischen Regenwald

Wälder bei uns und am Äquator

„Am Waldrand halten wir mit dem Auto an. Was ist das? Ein greller Schrei! Erschreckt zucken wir zusammen. Ein Leopard? Jetzt hören wir in den Baumkronen ein Knacken und Hasten, Gezeter und Pfeifen. Schnell wird es leiser. Dann Stille. Haben wir eine Herde von Affen aufgescheucht? Vorsichtig folgen wir einem Pfad, immer auf der Hut vor einem wilden Tier. Aber alles bleibt ruhig. Hin und wieder ein Vogelruf. Blätter rascheln, und lästige Insekten surren um uns. Da! Eine Schlange? Nicht bewegen! — Nein, Dummkopf! Nur eine Liane!"

Daumendicke Stränge winden sich an den Baumstämmen hinauf: **Lianen.** Sie wurzeln wie normale Bäume im Boden. Und wie normale Bäume haben sie Blätterkronen. Nur kann man diese Blätterkronen meist nicht sehen. Hoch oben verstecken sie sich zwischen dem Laub der Bäume.

Merkwürdige kleine Pflanzen sitzen auf den Ästen der Bäume. Ihre Wurzeln erreichen den Boden nicht. Man nennt sie **Aufsitzerpflanzen.**

Das Laub der Bäume und Lianen ist so dicht, daß nur wenig Licht auf den Waldboden fällt. Hier unten wachsen weder Gräser noch Blumen, nur hier und dort große **Farne.** Unter ihren Blättern kann man fast hindurchgehen; so groß sind sie.

1 In der Zeichnung findest du die Buchstaben ⓐ — ⓘ. Vervollständige diese Liste:

Lianen   ⓖ ◯ ◯ ◯
Aufsitzer-
pflanzen   ◯ ◯ ◯
...   ⓓ

Im Tropischen Regenwald ist es das ganze Jahr über sehr warm, meist über 20°C. Außerdem ist es fast immer feucht. Es gibt keine Jahreszeiten wie bei uns: keinen Winter mit kahlen Bäumen, keinen Frühling mit jungem Laub, keinen Herbst mit Früchten. Jahraus, jahrein kann man grüne und blühende Bäume sehen. Daneben stehen Bäume, die schon Früchte tragen, oder solche, die gerade blattlos sind. Zu jeder Zeit überwiegen die grünen Bäume. Man nennt diesen Wald deshalb den **immergrünen Regenwald**.

2 Rechts siehst du vier Zeichnungen von unserem Laubwald in Deutschland. Für den Tropischen Regenwald brauchen wir nur eine Zeichnung. Warum?

3 Unten sind die Temperaturen im Verlauf eines Jahres für drei verschiedene Orte auf der Erde angegeben. Eines dieser Diagramme gehört zu einem Ort im Tropischen Regenwald (Manaus), eines zu einem Ort in Deutschland (Berlin) und ein drittes zu einem Ort auf Grönland (Upernavik). Ordne zu.

4 Zeichne eine Liste mit zwei Spalten: „Tropischer Regenwald — Deutscher Laubwald". Trage ein: Laubfall im Herbst, Laubfall während des ganzen Jahres, nie Frost, immergrün, frisches Laub nur im Frühjahr, keine Jahreszeiten, im Herbst buntes Laub.

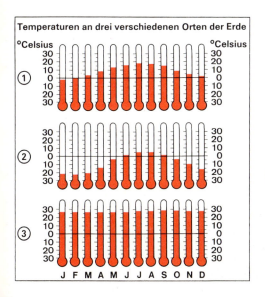

Holzfäller bei der Arbeit

Brettwurzelbaum

Verladung eines Stammes

Holzfäller im Regenwald

Eine Gruppe schwarzer Waldarbeiter hat den Auftrag, einen Mahagonibaum von fast 60 Metern zu fällen. Zunächst wird ein 4—5 m hohes Gerüst rings um den Stamm errichtet. Das ist nötig, weil der Baum wegen der breit ausladenden **Brettwurzeln** weiter unten nicht eingeschlagen werden kann. In eine der Brettwurzeln wird eine Treppe geschlagen. Vom Gerüst hängen Lianenseile zum Boden. Ein Vorarbeiter und vier Männer beginnen, mit ihren Äxten zu arbeiten.

Nach mehreren Stunden ist der Stamm ringsherum tief eingeschnitten. Den Männern fließt der Schweiß in Strömen vom Körper.
Plötzlich bleiben die Arbeiter auf der Plattform unbeweglich stehen und wenden unruhig die Köpfe. Sie scheinen auf irgendein Geräusch zu lauschen. Auch der Chef steht breit auf gespreizten Beinen und hält die Augen starr auf den Einhieb im Baum gerichtet. „Gleich spricht der Baum!" stößt er zwischen den Zähnen hervor. „Alles weg!" ruft er dann befehlend. Die Männer auf der Plattform werfen die Äxte herunter, lassen sich an den Lianen herab, raffen schnell ihre Werkzeuge zusammen und rennen davon.
Der Wind oben im Wipfel scheint das kaum merkbare Schwanken der ungeheuren Baumsäule ausgelöst zu haben. Der Riese beginnt zu zittern und erweitert dabei den mit der Axt geschlagenen Spalt mehr und mehr. Der dickflüssige Saft spritzt jetzt in hohem Bogen aus der Wunde. Die tausend kleinen knatternden Geräusche stammen von den Fasern, die eine nach der andern zerreißen. Die letzten Fasern sind gerissen. Mit einem Getöse, das die Erde erzittern läßt, stürzt der ungeheure Mahagonibaum zur Erde und zerquetscht das Unterholz unter seinem Gewicht. (8)

Die folgenden Aufgaben 1a–1c könnt ihr auch gut in Gruppenarbeit lösen:

1 a) In einem deutschen Buchenwald wird ein Baum gefällt. Welche Unterschiede stellt ihr zu den Bildern 1 und 2 fest?
b) Heute benutzen viele Holzfäller im Regenwald Motorsägen. Vergleicht Bild 2 und 3. Welcher Baum wurde mit einer Motorsäge, welcher mit der Axt gefällt? Bei welchen Bäumen wird die Verwendung der Motorsäge schwierig?
c) Auf den Bildern 2 und 3 seht ihr gefällte Bäume. Zeichnet ihre Schnittflächen und vergleicht.

Ehe man in einem bestimmten Gebiet mit dem Fällen von Bäumen beginnt, stellt man mit Luftfotos fest, ob dort lohnende Baumbestände sind. Dann werden Fußtrupps eingesetzt, die den Waldabschnitt durchkämmen. Dabei wird jeder **Edelholzbaum** gekennzeichnet, der mindestens 60 cm dick ist.

2 Wie viele verschiedene Baumarten kannst du in der Karte rechts feststellen? Ist der Wald reich an Baumarten (artenreich) oder ist er artenarm?

3 Verfolge die Wege der vier Baumzähler in der Karte rechts. Warum sind nicht alle erfolgreich?

Nach dem Fällen wird der Stamm mit einer Motorsäge in 5–7 m lange Stücke zersägt. Dann werden sie zum Sammelplatz gezogen. Auf dem Sammelplatz übernehmen Lkws die Stücke und bringen sie zum nächsten Fluß. 60–100 Stücke werden mit Lianen zu einem Floß zusammengebunden. Ein Flußdampfer schleppt sie zum Sägewerk an die Küste. Von dort wird das Holz nach Europa verschifft, wo es in Möbelfabriken verarbeitet wird.

Anteil der Edelholzausfuhr aus Afrika ▶

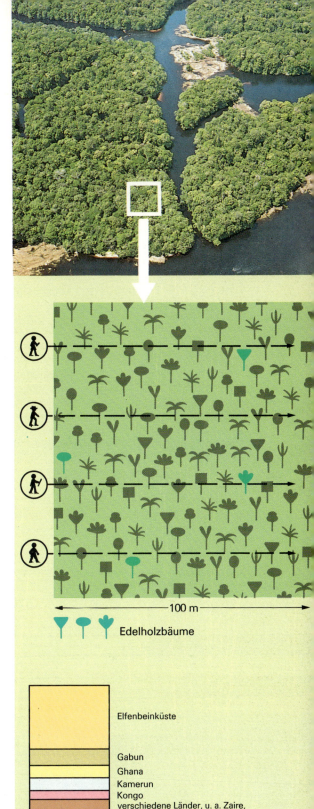

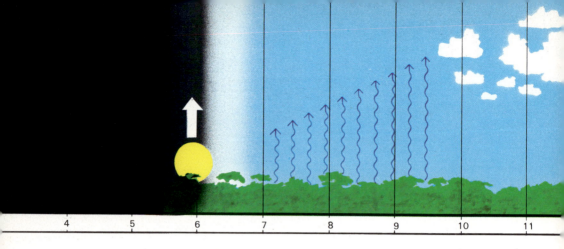

Ein Tag im Tropischen Regenwald

Bei Sonnenaufgang fuhren wir los, um die kühle Morgenzeit zu nutzen. Nach zwei Stunden war es schon sehr heiß. Wir hatten die Scheiben heruntergelassen. Bei dem kühlenden Fahrtwind merkten wir die Hitze kaum. Dann mußten wir jedoch anhalten und aussteigen, um nach dem Weg zu fragen. In kurzer Zeit waren wir schweißüberströmt. Das Hemd klebte am Körper. Kein Luftzug regte sich. Wir fühlten uns erschöpft und müde.

Später bildeten sich am Himmel einzelne kleine Wolken. Im Laufe der nächsten Stunden wurden sie immer größer und verdeckten die Sonne.

Es wurde so dunkel, daß wir mit Licht fahren mußten. Der Wind frischte auf und fegte Zweige über die Straße. Krachender Donner ließ uns zusammenzucken. Nach wenigen Sekunden goß und schüttete es herab, so daß wir trotz laufender Scheibenwischer kaum sehen konnten. Die Straße wurde etwa 20 cm hoch vom Regenwasser überflutet. Zuerst fuhren wir ganz langsam weiter. Dann stellten wir den Wagen mitten auf der Straße ab. Wir fürchteten, daß das Auto vom Weg gespült werden könnte. Schließlich trommelten noch Hagelkörner gegen die Windschutzscheiben. Beim Anblick dieses Unwetters waren wir froh, im Trockenen zu sitzen. Wir richteten uns auf eine Wartezeit von etwa zwei Stunden ein. Danach würden wir uns sehr beeilen müssen, um unser Tagesziel noch vor Einbruch der Dunkelheit zu erreichen. (9)

1 Im Text sind keine Uhrzeiten genannt. Diese kannst du feststellen, indem du den Text mit der Zeichnung oben vergleichst. Welche Tageszeiten (von ... bis ...) gehören zu den drei Abschnitten des Textes?

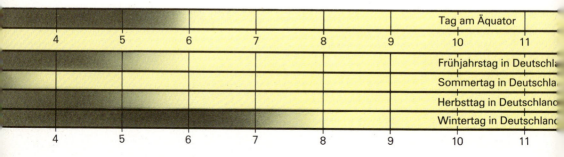

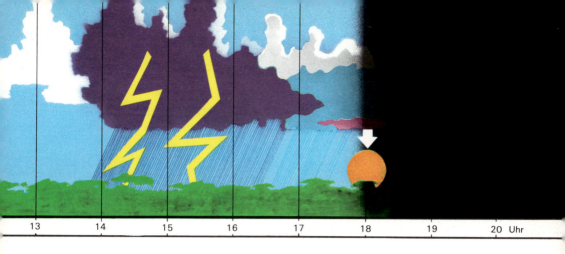

2 Die folgenden Sätze sind durcheinandergeraten. In welche Reihenfolge gehören sie? Beachte auch die Zeichnung oben.
a) Gegen 11 Uhr wird es schon drückend heiß.
b) Der Tag bricht gegen 6 Uhr fast ohne Dämmerung an. Die Sonne steigt steil empor.
c) Am Nachmittag bricht ein starkes Gewitter los. Es ist dann sehr dunkel.
d) Gegen 8 Uhr zeigt das Thermometer etwa 22—23 °C. In dem triefend nassen Wald verdunstet jetzt viel Wasser. Die feuchte Luft steigt mit zunehmender Erwärmung auf.
e) Dieser Vorgang wiederholt sich an vielen Tagen im Jahr. Allerdings gibt es auch Tage, ja manchmal Wochen, in denen es nicht regnet.
f) Wenn das Unwetter vorbei ist, trocknet die Sonne bald den durchweichten Boden. Schnell und fast ohne Dämmerung geht die Sonne gegen 18 Uhr unter.

3 Für die folgenden Aufgaben sollt ihr die Zeichnung unten benutzen. Diese Aufgaben lassen sich gut in Gruppenarbeit lösen.

a) „Am Äquator wird die Sonne ein- und ausgeschaltet." Was bedeutet dieser Satz?
b) Schreibt auf, wie viele Stunden die Sonne an einem Frühjahrstag und an einem Sommertag bei uns zu sehen ist. Wie lange dauert die Dämmerung?
c) Schreibt auf, wie viele Stunden die Sonne an einem Herbsttag und an einem Wintertag bei uns zu sehen ist. Wie lange dauert die Dämmerung?

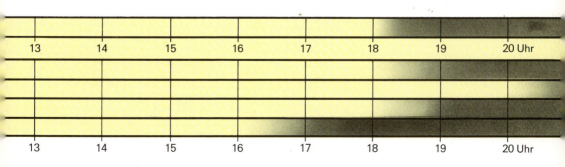

Frisch gerodetes Feld

Frau Ketu bei der Feldarbeit

Dort wohnt Bauer Ketu

Verbreitung des Hackbaus (ohne Rinderhaltung)

Hackbauern in Nigeria

Bauer Ketu lebt mit seiner Frau und sieben Kindern in einem kleinen Dorf im Südosten Nigerias. Früher war das Land hier vollständig mit Tropischem Regenwald bedeckt. Inzwischen sind an die Stelle dieses ursprünglichen Regenwaldes Felder und niedriger Buschwald getreten.

Wenn im Dezember wenig Regen fällt, dann beginnt die **Brandrodung.** Die Männer schlagen mit Buschmessern das Unterholz eines kleinen Waldstückes und legen dieses Holz unter die größeren Bäume. Bald ist es verdorrt und kann angezündet werden. Tagelang steht eine riesige Rauchsäule über dem Wald. Es verbrennen nur Zweige und Büsche. Auch einige der größeren Bäume werden vom Feuer so angebrannt, daß sie absterben. Mit verkohlten Stämmen bleiben sie stehen.

Die Frauen arbeiten mit einer Eisenhacke. Auf einem Teil des neuen Feldes werfen sie kleine Erdhügel auf und pflanzen darauf Yams, eine Knollenpflanze. Daneben bauen sie andere Pflanzen an. Alles, was die Familie Ketu erntet, verbraucht sie selbst. Sie sind **Selbstversorger** und besitzen kein Geld.

Oft müssen die **Hackbauern** ihre Brandrodungsfelder nach wenigen Jahren wieder aufgeben, weil die Nährstoffe des Bodens verbraucht sind. Dann brennen sie ein anderes Waldstück ab. Daher verändert sich die Lage der Felder einer Familie im Laufe der Jahre. Die Felder „wandern".

Herr Ketu wechselt seine Felder schon nach zwei Jahren. Die nicht mehr benutzten Felder werden schnell vom Wald überwuchert. Nach weiteren vier Jahren wird der inzwischen gewachsene Buschwald erneut gerodet. Es folgen also aufeinander: Brandrodung, zwei Jahre Feld, vier Jahre Buschwald, Brandrodung, zwei Jahre Feld...

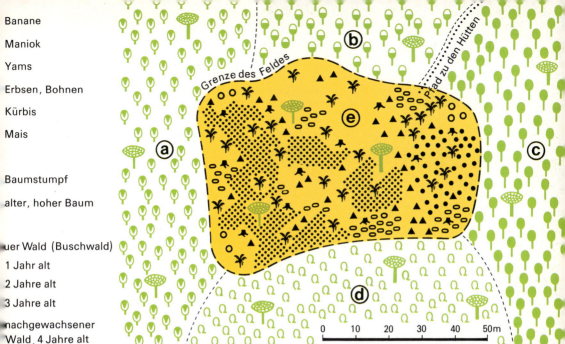

Ein Feld der Familie Ketu

Günstiger wäre es, wenn Herr Ketu die ehemaligen Felder länger als vier Jahre liegen lassen könnte. Dann könnte sich der Boden besser erholen. Dafür ist jedoch nicht genug Land vorhanden. Da der Boden sich nun nicht mehr richtig erholen kann, sind auch die Erträge nicht mehr so gut wie früher.

1 Die folgenden Aufgaben könnt ihr in Gruppenarbeit lösen. Nehmt dazu den Text und die Zeichnungen zu Hilfe.
a) Welche der folgenden Merkmale treffen auf das Feld der Familie Ketu zu:
rechteckig geformt — unregelmäßig geformt — gepflügt — jede Pflanzenart auf einem eigenen Feldstück — alle Pflanzen durcheinander — gehackt — voller Baumstümpfe.
b) Füllt eine Tabelle mit zwei Spalten in der folgenden Weise aus:

Pflanze	nutzbarer Pflanzenteil
Kürbis	Frucht
...	...

c) In welchem Jahr hat die Familie Ketu auf den heute mit Wald bewachsenen Flächen a—d das letztemal geerntet? Wie also ist das Feld „gewandert"?

2 In welchen Ländern Afrikas leben Menschen ähnlich wie die Familie Ketu? Benutze die Karte links unten und den Atlas.

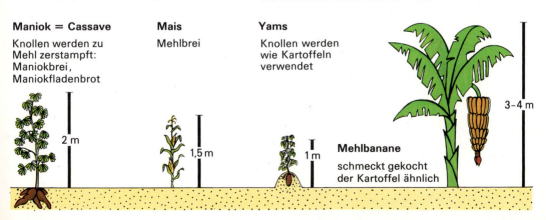

Kakaoernte

Kakaofrucht geöffnet

Kakaobohnen trocknen

Kakaobauern in Ghana

Bei Kofi Boah, dem Kakaobauern, ist Erntezeit: Mit einem Haumesser schlägt er die reifen Früchte ab. Die Kakaobäume werden 6–8 m hoch. Deshalb nimmt Herr Boah für höher hängende Früchte ein Messer, das an einer langen Stange befestigt ist. Die rotgelben Früchte werden 25 cm lang und wachsen direkt am Stamm. Frau Boah und die Kinder sammeln die abgehackten Früchte in Körbe und bringen sie zum Sammelplatz. Mit einem kräftigen und genau gezielten Schlag des Haumessers werden die Früchte aufgeschlagen. Dabei soll möglichst keine Kakaobohne verletzt werden.

Jede Frucht ist etwa 1 Pfund schwer und enthält 30–50 Kakaobohnen. Die Kakaobohnen sind im weißen Fruchtfleisch eingebettet. Sie sind außen weißlich. Nur wenn man sie aufspaltet, wie in unserem Bild, sehen sie dunkelbraun aus. Die Kakaobohnen werden herausgelöst, auf Haufen geschüttet, mit Bananenblättern abgedeckt und so zum Gären gebracht.

In fünf Tagen färben sich die Bohnen auch außen braun, und sie bekommen das Schokoladenaroma. Danach werden sie mehrere Tage in der Sonne getrocknet. Vor dem Verkauf liest Kofi Boah die schlechten Bohnen aus. Er will einen guten Preis erzielen. Der Preis hängt von der Qualität ab: vom Aussehen der Bohnen, von ihrer Farbe und von ihrem Geruch.

1 Zeichne eine aufgeschlagene Kakaofrucht und beschrifte sie mit den Wörtern: Schale, Fruchtfleisch, Kakaobohnen.

2 In welchen Ländern leben Kakaobauern wie Kofi Boah? Benutze die Karte rechts und den Atlas.

Der Kakaobaum benötigt gleichmäßig feuchtwarme Luft zwischen 24°C und 28°C. Er wächst darum nur im Tropischen Regenwald.

Kofi Boahs Besitz

- Neuer Wald, Buschwald
- Bauernhaus
- Straße
- Ölpalmen
- Kakao
- Maniok
- Yams
- Mehlbanane
- Gemüse
- Mais

Grundstücke der Nachbarn

← nach Asesewa

Die Vorfahren von Kofi Boahs Familie kannten noch keine Kakaobäume. Die Felder der Bauern glichen denen der Familie Ketu (s. Seite 91). Sie bauten nur Pflanzen zur Selbstversorgung an. Das Dorf war durch Fußpfade mit anderen Dörfern verbunden. Straßen gab es nicht.

Heute ist das ganz anders. Seitdem man im Dorf Kakao anbaut, gibt es eine Straße zur nächsten Stadt. Die Genossenschaft der Kakaobauern hat eigene Lkws. Damit werden die Kakaobohnen in die große Stadt Kumasi gebracht.

Herr Boah fährt einmal in der Woche mit dem Fahrrad oder dem Bus zum nächsten Marktort, nach Asesewa. Er kauft Fleisch, getrockneten Fisch und Mais ein. Er bezahlt mit dem Geld, das er für seinen Kakao erhalten hat.

3 Vergleicht die beiden Hackbauern Boah und Ketu (Seite 90/91). Diese Aufgaben könnt ihr auch in Gruppen lösen.
a) Notiert Übereinstimmungen und Unterschiede zwischen den Grundstücken (S. 91 und 93).
b) Wem geht es besser, Herrn Boah oder Herrn Ketu, wenn die Kakaopreise hoch sind? Und wenn die Preise niedrig sind?
c) Gute und schlechte Jahre wechseln ab. Wovon hängt dies bei Herrn Boah hauptsächlich ab, wovon bei Herrn Ketu?
d) Warum bebaut Herr Boah nicht sein ganzes Grundstück mit Kakaobäumen?

Verbreitung des Tropischen Regenwaldes
Kakaoproduktion durch Kleinbauern
Kakaoproduktion durch Großbetriebe (Plantagen)

Jagd mit dem Netz   **Pygmäen vor ihren Hütten**

Pygmäen

Es gibt heute etwa 150 000 Pygmäen. Sie leben im Tropischen Regenwald, mitten in Afrika. Sie sind Zwergmenschen. Ein erwachsener Mann ist nicht größer als die meisten von euch: 1,45 m.

Die Pygmäen leben ganz anders als die Hackbauern. An jedem Tag ziehen die Männer, die Frauen und die älteren Kinder durch den Wald, um Eßbares zu sammeln und zu jagen. Die Frauen suchen Nüsse und andere Früchte. Sie sammeln Schnekken, Larven und Raupen. Sie graben nach Knollen und Wurzeln. Oder sie fangen Fische. Die Männer jagen meist mit Pfeil und Bogen. Sie schießen Vögel, Affen, Wildschweine, Antilopen.

Die Pygmäen nennen sich „Kinder des Waldes". Alles, was sie zum Leben brauchen, holen sie aus dem Wald.

Wenn es nichts mehr zu jagen und zu sammeln gibt, ziehen sie weiter. Alle paar Monate suchen sie sich einen neuen Lagerplatz. Aus Zweigen und großen Blättern bauen die Frauen kleine runde Hütten.

Mehrere Familien leben zusammen. Jede Familie hat eine eigene Hütte.

Anne Putnam berichtet 1954 von den Pygmäen: „Die Jäger rollten ihre Netze zusammen, die aus Lianen geflochten waren, und zogen mit Bogen, Pfeilen und Speeren bewaffnet in den Wald. Etwa zwanzig Frauen folgten. Ohne ihre Schritte zu verlangsamen, pflückten sie Mongongoblätter, die als Schindeln, Teller oder Packpapier begehrt sind. Sie sammelten hier und da eine Handvoll Kolanüsse oder bückten sich nach Kräutern und Pilzen. Alles ging in Beutel, die sie über die Schulter geschlungen hatten. Einmal machten sie halt, um aus einem abgestorbenen Baumstamm Teile einer Honigwabe herauszugraben. Einige von ihnen wurden gestochen, wischten aber die Bienen nur einfach weg. Dann taten sie den Honig in Mongongoblätter, die sie mit einer dünnen Ranke so geschickt verschnürten, daß der Honig nicht weniger gut verwahrt war als in einem Glas.

Wir marschierten sechs bis acht Kilometer durch den Wald. Nach einiger Zeit banden die Männer am Rande eines Dickichts ihre Netze auseinander. Jeder Mann stand hinter einem Netz, bereit, alles niederzuschlagen, was sich in den Maschen verfing. Mittlerweile waren die Frauen in den Wald davongeschlichen. Sie trugen in Schlingen auf dem Rücken ihre Säuglinge mit

Europäer mit Pygmäen

sich. Aber nicht das leiseste Wimmern, das das Wild hätte verscheuchen können, ließ sich vernehmen.
Als alles bereit war, stieß Faizi einen Hornvogelruf aus, und zugleich hörte ich, durch drei, vier Kilometer Urwald herüber, ein Getöse ausbrechen: Die Frauen hatten ihr Treiben begonnen. Wir an den Netzen konnten nur warten, ob uns der Lärm harmlose Antilopen oder rasende Leoparden oder Büffel zutreiben werde.
Plötzlich sah ich eine graue Antilope auf uns zukommen. Das Tierchen fuhr mit dem Kopf ins Netz, und ehe es auch nur zappeln konnte, hatten sich schon drei Männer darübergeworfen. Ein wildes Stechen und Schlagen, ein paar Augenblicke nur — dann war alles vorbei.
Einmal blieb das Netz leer. Dann wieder hielt es dem tobenden Ansturm einer 270 Pfund schweren Büffelkuh stand — eine reiche Beute.
Spät am Nachmittag kehren wir ins Dorf zurück, die Männer laut redend und lachend, froh über ihr Jagdglück. Die Beute wurde unter alle Pygmäen verteilt. Sofort waren alle eifrig am Braten, jede Familie an ihrem eigenen Feuer, und bald roch die ganze Lichtung nach dem in die Flammen tropfenden Fett und Fleischsaft." (10)

1 Menschen, die wie die Pygmäen leben, nennt man **Wildbeuter** oder **Sammler und Jäger**. Erläutert diese Bezeichnungen.

r Lebensraum der Pygmäen wird immer kleiner. Holzsellschaften und Plantagen dringen Jahr für Jahr ter in den Regenwald vor. Man muß heute schon in r abgelegene Gebiete gehen, wenn man Pygmäen den will, die noch als Wildbeuter leben können.

Auf den letzten Seiten habt ihr Menschen mit unterschiedlichen Lebensformen kennengelernt:
Hackbauern, die auf kleinen Feldern pflanzen und ernten, was sie zum Leben brauchen.
Wildbeuter, die sich ihre Nahrung durch Jagen und Sammeln beschaffen.
Lohnarbeiter, die sich mit Holzfällen oder Feldarbeit das Geld für ihren Lebensunterhalt verdienen. Zu ihnen gehören z. B. die Gummizapfer auf einer Kautschukplantage, die Teepflückerinnen auf einer Teeplantage, die Arbeiter auf einer Kakaoplantage. Meistens wohnen sie in kleinen Häusern, die der Besitzer der Plantage bauen ließ und die sich gleichen wie ein Ei dem anderen.

2 Hier sind fünf kleine Fotos von Menschen im Tropischen Regenwald. Bei jedem Bild sollst du sagen, zu welcher Gruppe die Menschen gehören: zu den Wildbeutern, zu den Hackbauern oder zu den Lohnarbeitern. Begründe deine Entscheidungen.

Pfeffer

Indianer

Beim Pflanzen

Bananen werden verpackt

Pygmäen

Moskitonetz

Benötigen Sie Impfungen oder Tablettenschutz zur Einreise?					
Reiseziel		Pocken	Cholera	Gelbfieber	Malaria
Afrika	Kenia	ja	ja	empfohlen*	ja
	Tansania	ja	ja	ja	ja
	Kamerun	ja	empfohlen*	ja	empfohlen*
Südamerika	Peru	ja	nein	empfohlen	empfohlen*
	Ecuador	nein	nein	z. T. ja	ja
	Brasilien	empf.*	nein	empfohlen	empfohlen*
Südostasien	Indien	ja	ja	nein	empfohlen*
	Thailand	ja	ja	nein	empfohlen*
	Indonesien	ja	empfohlen*	nein	empfohlen*

* die Krankheit kommt nur in einigen Teilen des Landes vor

Gefährliche Mücken und Fliegen

Mai 1978. Zwei Anwohner des Pariser Flughafens Orly starben an Malaria, obwohl sie nachweislich nie in den Tropen waren. Wahrscheinlich wurden sie von Malariamücken gestochen, die im Gepäckraum von Flugzeugen aus verseuchten tropischen Gebieten nach Europa eingeschleppt wurden.

Bei 242 Deutschen, die 1978 von Tropenreisen zurückkehrten, wurde die gefährliche Malariakrankheit festgestellt. Trotz sofortiger Behandlung starben 24 von ihnen.
Jährlich erkranken etwa 100 Millionen Menschen an Malaria. Jedes Jahr fallen ihr eine Million Säuglinge und Kleinkinder zum Opfer.

Das erste wirksame Mittel gegen die Malaria war das Chinin. An seine Entdeckung erinnert die abgebildete Briefmarke aus Ruanda. Der Text ist französisch und lautet: 150. Jahrestag der Entdeckung des Chinins durch Pelletier und Caventou (1820–1970).

Für die folgenden zwei Aufgaben sollst du die Karte unten und den Atlas benutzen.

1 Stelle fest, welche der drei genannten Krankheiten in Ruanda vorkommen.

2 Oben ist eine Tabelle aus einem Reiseprospekt abgebildet. Überprüfe die Angaben über Malaria für die neun Länder.

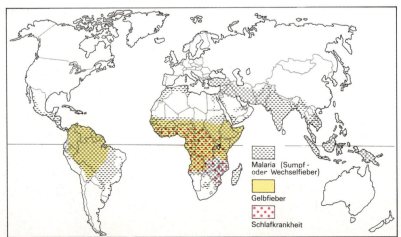

Verbreitung von Tropenkrankheiten

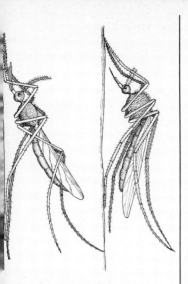
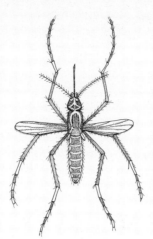
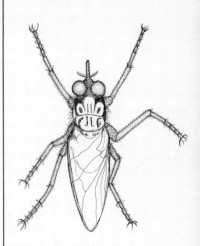

Die **Malaria-** oder **Anophelesmücke** kann man von einer normalen Stechmücke leicht unterscheiden. Man sagt: „Hängt eine Mücke schräg an der Wand, wird sie Anopheles genannt."

3 Welche der beiden Zeichnungen oben stellt eine Malariamücke (Anopheles), welche eine normale Stechmücke dar?

Malaria ist gekennzeichnet durch Fieberanfälle, die in Abständen auftreten. Die Fieberanfälle sind meist von Schüttelfrost und Schweißausbrüchen begleitet. Die Krankheit führt häufig zum Tode. Es gibt keine Impfung gegen Malaria, aber einen guten Tablettenschutz. Die Tabletten sind einzunehmen vor der Einreise in ein Malariagebiet, während des Aufenthaltes und, was besonders wichtig ist, auch noch etwa sechs Wochen nach Verlassen des Gebietes. Dies ist nötig, da die Krankheit erst Wochen nach dem Mückenstich ausbricht.

Gelbfiebermücken halten sich häufig nahe bei Häusern auf. Sie stechen besonders in den Morgenstunden. Die Krankheit wird nur von solchen Mücken übertragen, die einmal in ihrem Leben Blut von einem Kranken gesogen haben.

Das **Gelbfieber** ist die tropische Krankheit, die die Einwanderung von Weißen in die tropischen Länder bis vor etwa 100 Jahren am stärksten behinderte. Die Eingeborenen sind gegenüber der Krankheit unempfindlich oder erkranken nur leicht. Der Weiße, der von dieser Krankheit befallen wird, erliegt ihr häufig nach 5–8 Tagen. Es gibt kein wirksames Medikament. Bei der Reise in ein Land mit Gelbfieber ist darum eine Schutzimpfung notwendig.

4 Warum benötigen nicht alle Reisenden, die nach Brasilien fahren, eine Gelbfieberimpfung? Benutze die Karte links und den Atlas.

Die **Tsetse-Fliege** ist ein wenig größer als die gewöhnliche Stubenfliege. Mit ihrem Stich überträgt sie die Schlafkrankheit. Sie sticht fast nur am Tage und im Freien, besonders bei Sonnenschein. In die Wohnungen kommt sie im Gegensatz zu den Stechmücken nicht.

Die **Schlafkrankheit** beginnt mit unregelmäßigem Fieber. Dazwischen kann sich der jetzt noch heilbare Kranke durchaus wohl fühlen. Dann wird der Kranke benommen, träge und schläfrig, ja häufig bewußtlos, bis er stirbt. Von dieser Schläfrigkeit hat die Krankheit ihren Namen. In einigen Gebieten hat die Schlafkrankheit die Bevölkerung stark verringert. Reisende schützen sich durch eine Einspritzung, die jedoch nur einige Monate wirkt.

5 In vielen Ländern am Äquator schlafen die Europäer unter Moskitonetzen. Gegen welche Insekten kann ein Moskitonetz schützen, gegen welche nicht?

In der Wüste

100 Mit dem Auto in die Sahara

102 Rätsel der Wüste

104 Oasen

106 Nomaden in Nordafrika

108 Aus Wüste wird Ackerland: Libyen und Kalifornien

öchtest du in der Wüste leben? In der Wüste hara etwa,
wo Sandstürme den Lack vom Auto fressen,
wo es an Sommertagen so heiß wird wie an keiner anderen Stelle der Erde,
wo ein arbeitender Mensch in jeder Stunde 1 kg Wasser ausschwitzt,
wo schon kleine Autopannen lebensgefährlich sein können?

Trotzdem gibt es Menschen in der Wüste:
Nomaden, die ihre Kamele und Schafe weiden,
Bauern, die ihre Felder und Bäume bewässern,
Geologen, die Erdöl suchen,
Ingenieure, die tiefe Brunnen bohren,
Lastwagenfahrer, die mit riesigen Autos durch die Wüste brausen,
Touristen, die Abenteuer suchen ...

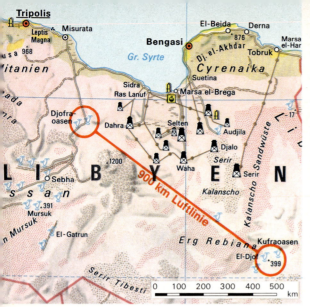

Von Djofra nach Kufra

Auf der Wüstenpiste, Kieswüste

Mit dem Auto in die Sahara

Unsere Reisegruppe hat sich etwas Besonderes vorgenommen: Wir wollen in die Sahara fahren. Wir wollen die Wüste einmal richtig erleben. Ausgewählt ist die Strecke von den Djofra-Oasen bis zu den Kufra-Oasen. Diese Piste ist nur wenig befahren. Auf den meisten Karten ist sie gar nicht verzeichnet.

Drei Autos stehen bereit. Es sind Geländewagen mit acht Gängen. Wir sind gut ausgerüstet: Benzin, Wasser, Ersatzreifen, Zelte ... Am 8. Juli geht es los.

In der **Kieswüste** ist das Fahren nicht schwierig. Wir kommen gut voran. Wenn es nur nicht so heiß wäre! Wir messen 40° C. Am Abend schlagen wir unsere Zelte in einem Trockental auf. Mich fröstelt nach der Hitze des Tages, obwohl das Thermometer noch 22° C anzeigt. In der Nacht kommt Sturm auf. Stundenlang prasselt Sand gegen unser Zelt. Hoffentlich gibt es kein Gewitter. Davor habe ich Angst. Wenn es wirklich einmal regnet, dann können sich die Trockentäler schnell in reißende Flüsse verwandeln.

Am vierten Tag kommen wir in die **Felswüste**. Das Land ist übersät mit Gesteinsbrocken. Mühsam holpern wir vorwärts. Wir schaffen nur 7 km in der Stunde. Die Lenkräder schlagen hin und her, und den Fahrern schmerzen die Arme. Ab und zu müssen wir aussteigen und Felsbrocken aus dem Wege räumen. Wie die Reifen aussehen! Zerfetzt von den scharfkantigen Steinen. Immer wieder Plattfuß! Unerträglich ist die Hitze. Am frühen Nachmittag messen wir 42°C!

Am siebten Tag erreichen wir den Erg Rebiana, eine **Sandwüste.** So habe ich mir die Wüste vorgestellt: Sand und Dünen. Auch hier ist das Fahren eine Qual. Unsere Wagen graben sich tief in den lockeren Sand und bleiben immer wieder stecken. Dafür sind die Abende wunderschön. Im Licht der untergehenden Sonne erstrahlt die Dünenlandschaft in herrlichen Farben. Dieses Bild läßt uns die Mühen des Tages vergessen. Ich will es gern glauben: Wer die Wüste einmal erlebt hat, den zieht es immer wieder dorthin zurück.

Am zwölften Tag erreichen wir endlich die Kufra-Oasen. Eine schöne Fahrt ist zu Ende — schön und sehr anstrengend.

Felswüste, kein Gelände für Autos

Noch unwegsamer ist die Sandwüste

Vier arabische Wörter:
der Erg	=	Sandwüste mit Dünen
der Serir	=	Kieswüste
die Hamada	=	Felswüste, mit Gesteinsbrocken übersät
das Wadi	=	Trockental, ein Flußtal, in dem monatelang oder jahrelang kein Wasser fließt

1 Bis zu den Djofra-Oasen kommt man ohne große Schwierigkeiten. Von Tripolis führt eine Straße dorthin. Die Straße ist auf der Karte verzeichnet. Miß die Fahrtstrecke von Tripolis bis zu den Djofra-Oasen.

2 Benutze den Atlas:
Zu welchem Staat gehören die Djofra-Oasen und die Kufra-Oasen? Wie heißt die Hauptstadt dieses Landes?

3 Viele Leute stellen sich die Sahara als eine riesige Sandfläche vor. Sie denken an Sand und hohe Dünen. Du kannst diese Meinung nun berichtigen. Nimm den Text und die Fotos zu Hilfe.

4 Die Reisenden leiden unter der Hitze. Was wird im Text über die Temperaturen gesagt? — Es kann sogar noch heißer werden. Die höchste Temperatur der Erde wurde in der Sahara gemessen: 58° C.

5 Hätte die Reisegruppe nicht eine günstigere Jahreszeit wählen sollen? Überlegt euch einen besseren Reisemonat und nehmt dabei das Diagramm von Kufra zu Hilfe. Bedenkt auch, daß die Temperatur in Winternächten unter 0° C fallen kann.

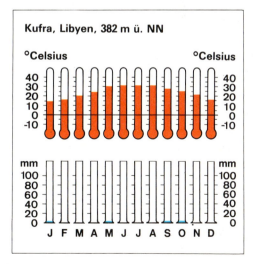

Nach einem Wolkenbruch

Ein See, der kein See ist

Rätsel der Wüste

In der Wüste fällt oft jahrelang kein Regen. Wenn es aber einmal regnet, dann können gewaltige Wassermassen herabstürzen. Das Wasser strömt über die Flächen der Wüste, sammelt sich im nächsten Wadi und wird dort zu einem reißenden Fluß – für einige Kilometer. Die Spuren des fließenden Wassers sieht man oft noch nach Monaten und Jahren.

Ein See! Mitten in der Wüste ein See! Herrlich nach all der Hitze und dem Staub! Aber es sind nur Luftspiegelungen. An besonders heißen und windstillen Tagen kann man das erleben. Die Luft flimmert in der Hitze, und die Lichtstrahlen werden so gebrochen, daß man Wasser zu sehen glaubt. Büsche und Bäume scheinen sich im Wasser zu spiegeln. Wellen brechen sich am Ufer. So sieht es aus. Alles nur Luftspiegelungen.

Das ist ein Wadi: ein Flußtal ohne Fluß

So wirken Hitze und Kälte

So wirken die Sandstürme

it einem Knall ist der Felsblock geplatzt. Am
ge wird die Oberseite des Blocks so heiß,
aß man sie nicht anfassen kann. Und gleich
lgt die starke Abkühlung in der Nacht. Heiß
d kalt in dauerndem Wechsel. Bei der Erhit-
ng dehnt sich das Gestein aus; bei der Ab-
hlung zieht es sich zusammen. Das hält auch
s härteste Gestein nicht aus. Von der Oberflä-
e springen schalenförmige Stücke ab, und
cht selten bricht der ganze Block auseinander.

Weißt du, was ein Sandstrahlgebläse ist? Man kann damit zum Beispiel alte Hauswände vom Schmutz befreien. Sandstrahlgebläse gibt es auch in der Wüste:
Der Sturm schleudert den Sand gegen die Felsen und kann sie so zerstören. (Uwe George berichtet von einem solchen Sandstrahlgebläse. Welcher Satz ist gemeint?)

Der Forscher Uwe George berichtet von einem Sandsturm:

„Ich habe mehrfach Sandstürme erlebt, einen der schwersten in der Sahara, nahe der Oase In-Salah in Algerien. Der Sandsturm kündigte sich mit gewaltigen treibenden Staubmassen an.
Der Wind wurde stärker. Er wehte gleichmäßig, und nach kurzer Zeit schien die Luft nur noch aus gelbem Sand zu bestehen. Die Sicht war zeitweise gleich Null. Rechtzeitig hatte ich noch bemerkt, daß die Piste auf eine kleine Anhöhe führte. Ich fuhr darauf zu. Einem auftauchenden Unterseeboot vergleichbar, stieß das Auto durch die Obergrenze des Sandsturmes. Das Schauspiel, das sich mir dann bot, war einzigartig. Ich stand unter einem strahlend blauen Himmel und blickte auf die Oberfläche eines unendlich erscheinenden goldgelben Sandmeeres, das mit hoher Geschwindigkeit dahinfloß. Einige hundert Meter entfernt ragten die Köpfe unserer Kamele gerade über die Treibsandmasse auf. Obwohl wir etwas erhöht standen, war der Lack meines Fahrzeugs nach wenigen Stunden abgeschliffen, so daß das blanke Blech zutage trat." (11)

Oase Tinerhir in Marokko

Oasen

Nur wer tagelang in der Wüste unterwegs war, weiß, wie schön die Ankunft in einer Oase ist. Eben noch die Wüste, die gleißende Helligkeit, die Gluthitze, die Einsamkeit, die Angst um das Wasser, die Angst um das Auto. Und nun die Oase, der kühle Schatten unter den Palmen, das Wasser in Brunnen und Gräben, die blühenden Gärten, die Häuser, die Menschen.

Wohin man schaut, Palmen; es sind Dattelpalmen. Daneben liegen kleine Äcker mit Getreide: Gerste, Hirse, Weizen. Auf den Gemüsebeeten wachsen Bohnen, Zwiebeln, Gurken, Melonen und Kohl. Auch Obstbäume gibt es: Aprikosen-, Pfirsich-, Orangen-, Zitronen- und Olivenbäume.

Das Zauberwort heißt **Wasser**. In der Wüste ist es trocken und heiß; hier brauchen die Pflanzen besonders viel Wasser. Wie die Oasenbewohner das Wasser gewinnen, zeigen die drei Zeichnungen. Es ist eine ungeheure Arbeit, die Brunnen, Stollen und Gräben zu schaffen und sie instand zu halten.

Einen besonders gefährlichen Beruf hatten die Brunnentaucher. Sie ließen sich in die Brunnen hinab und tauchten viele Meter tief, um die Brunnen zu reinigen und zu reparieren.

In der letzten Zeit hat sich manches verändert. Heute kommt eine große Bohrmaschine in die Oase, wenn ein neuer, tieferer Brunnen gebaut werden soll. Heute arbeiten Motorpumpen, wo vor einigen Jahren noch Esel und Menschen das Wasser aus den Brunnen heraufholten.

Grundwasseroase mit Brunnen

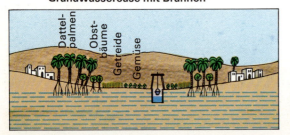

Flußoase

Gemüsebeete und Obstbäume

Wasserverteilung in der Oase

Die wichtigste Pflanze in den Oasen ist die **Dattelpalme.** Man sagt: Die Dattelpalme will mit den Füßen im Wasser stehen und mit dem Kopf im Feuer. Ihre Wurzeln können das Grundwasser noch in 30 m Tiefe erreichen. Je heißer die Sonne brennt und je trockener die Luft ist, desto höher werden die Stämme und desto süßer die Früchte. In der Sahara, in Ägypten, in Arabien, in Jordanien und im Irak stehen Millionen von Dattelpalmen.

Die reifen Früchte werden frisch gegessen oder zu „Dattelbrot" gepreßt. Junge Palmblätter dienen als Salat. Alte Bäume werden angezapft; der aufgefangene Saft wird vergoren und als Palmwein genossen. Der Stamm liefert Holz: Balken für die Dächer der Häuser. Aus den zähen Blättern werden Matten und Körbe geflochten.

∞ **1** Die Häuser der Oasenbewohner liegen nicht inmitten des bewässerten Landes. Versucht eine Erklärung.

2 Läßt sich die Oase Tinerhir den Zeichnungen zuordnen? Die Oase liegt an einem Fluß, der einige Monate im Jahr Wasser führt. Meist aber ist das Bett trocken. Bewässert wird mit Wasser aus Brunnen.

3 Mit einer einfachen Zeichnung sollst du das Foto „Wasserverteilung" erläutern: Brunnen — Wasserrinne — Verteiler — Felder. Vergiß nicht, auch die Fließrichtung des Wassers einzutragen!

4 In welchen Staaten liegen die Oasen Bardai, Bilma, Gabes, Ghardaia, In-Salah, Mursuk, Siwa, Tamanrasset, Taudeni, Uargla (oder Ouargla)? Acht davon solltest du im Atlas finden. — Die großen Oasen sind zugleich wichtige Handelsstädte. Eine der größten ist Ghardaia mit 60 000 Einwohnern.

Oase mit artesischem Brunnen

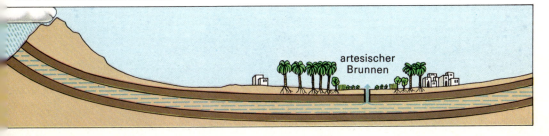

Nomaden in Nordafrika

Rhissa, unser Gastgeber

Es war vor sechs Jahren. Helmut und ich waren mit unserem Landrover bis In-Salah gekommen. Helmut ist Völkerkundler, ich heiße Werner, bin Geograph. Wir kannten uns von der Universität und hatten gerade das Studium beendet.

Unser Ziel waren die Tuareg, die berühmten Nomaden, die mitten in der Sahara leben. Wir hatten viel von ihnen gelesen. Im Landwirtschaftsamt von In-Salah wollten wir uns erkundigen. Der Beamte lachte nur: „Nomaden suchen Sie? Zu den Tuareg wollen Sie? Ich bitte Sie. Die Zeit der Nomaden ist doch längst vorbei. Was wollen Sie bei diesen armseligen Leuten? Sie sollten sich lieber unsere neuen Bewässerungsanlagen ansehen oder die neuen Fabriken!" Er verstand uns nicht.

Aber wir hatten Glück. Einige Tage später waren wir am Rande des Ahaggar-Gebirges, etwa 100 km von Tamanrasset entfernt, als wir auf ein Tuareg-Lager stießen, ein richtiges Nomadenlager. Es waren vier Zelte. Darin lebten 27 Personen, wie wir später zählten.

Wir fragten nach dem Ältesten. Ein alter Mann trat auf uns zu. Sein Name war **Rhissa.** Wir sprachen Französisch mit ihm. Es dauerte einige Zeit, bis wir sein Mißtrauen überwunden hatten. Dann führte er uns in sein Zelt und reichte uns die Holzschale mit Ziegenmilch. Wir waren als Gäste aufgenommen. Als Begrüßung gab es dicken Hirsebrei und sogar ein Stück Hammelfleisch.

Abends begann der alte Rhissa zu erzählen. Er erzählte von früher. Von den großen Kamelherden, die alles Lebensnotwendige lieferten: Milch, Butter, Käse, Wolle, Leder. Und er berichtete von den Karawanen: „Mit unseren Kamelen sind wir quer durch die Wüste gezogen. Alle möglichen Waren haben wir transportiert. Keiner konnte das besser als wir Tuareg-Männer! Ja, damals. Damals besaßen wir auch Land und Palmen in der Oase. Die Schwarzen dort waren unsere Sklaven, sie taten die Feldarbeit und erhielten dafür einen Teil der Erträge."

Rhissa berichtete von Kämpfen und Kriegen, auch von den Überfällen der Tuareg auf Karawanen und fremde Oasen. Für ihn waren das keine Verbrechen, sondern kriegerische Taten, an die er sich mit Stolz erinnerte.

„Das Unglück der Tuareg begann, als die französischen Soldaten kamen. Sie hatten bessere Waffen. Sie waren uns überlegen. Sie haben uns alles verboten, auch das Kämpfen und die Sklaven. Und dann kamen die Lastwagen. Sie übernahmen den Karawanenverkehr. Unsere Kamele wurden nicht mehr gebraucht. Und als die Franzosen das Land verließen, da nahm uns die neue Regierung auch noch die Felder in der Oase. Jetzt müssen wir Geld bezahlen für die Gerste, für die Hirse und die Datteln."

Kamele der Tuareg

Ich fragte, wie er sich die Zukunft vorstellt. Er zuckte mit den Achseln: „Viel Hoffnung habe ich nicht. Nein. Die Regierung will, daß wir unsere freie Lebensweise aufgeben. Einige der Kinder leben ja schon in der Stadt, sie gehen dort zur Schule und wohnen im Internat. Sie lernen das seßhafte Leben und werden uns fremd." —

Am nächsten Morgen ritten wir mit **Hami** in die Wüste hinaus. Hami ist Rhissas Sohn. Stundenlang waren wir unterwegs. Das Reiten auf dem schwankenden Kamel machte mir zu schaffen. Hami zeigte uns das Wasserloch in einem Wadi. „Das ist die Tränke für die Kamele und die Schafe. Jeden zweiten Tag müssen wir die Schafe hertreiben, mindestens jeden vierten Tag die Kamele."

Endlich waren wir bei der Herde. Diese Wüstengegend soll eine Weide sein? Ich mußte schon genau hinsehen. Einige kümmerliche Sträucher, einige abgefressene Grasbüschel, sonst nichts. Hami machte ein bedenkliches Gesicht: „Wir müssen bald eine bessere Weide finden und eine neue Tränke. Wenn es nur mal irgendwo regnen würde! Wir ziehen dorthin, auch wenn es mehrere Tagesreisen weit ist. Dann schlagen wir ein neues Lager auf. Immer warten wir auf Regen. Immer denken wir an das Wasser und an die Weide."

Helmut und ich schwiegen. Wir merkten, daß Hami sich große Sorgen machte. „Im letzten Jahr war es besonders schlimm. Viele unserer Kamele und Schafe sind elend umgekommen. Verhungert, verdurstet. Was sollen wir tun? Soll ich es so machen wie die anderen? Mein Bruder ist schon lange nicht mehr da; er ist Lkw-Fahrer geworden. Ein Freund ist nach Hassi-Messaud gegangen, um auf den Ölfeldern zu arbeiten. Aber ich will nicht. Ich will ein freier Mann bleiben."

1 Lest die Geschichte mit verteilten Rollen: Rhissa, Hami, der Beamte und Werner.
2 Warum ging es den Tuareg-Nomaden vor fünfzig Jahren besser als heute?
3 Die drei Fotos rechts gehören zusammen. Was sagen sie aus?

Nomaden am Nordrand der Sahara

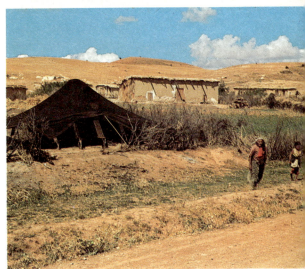

Übergang zur seßhaften Lebensweise

Neue Häuser für ehemalige Nomaden

Anbaukreise im Kufra-Gebiet

Beregnungskarussell

Aus Wüste wird Ackerland: Libyen und Kalifornien

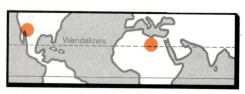

☐ In der Sahara wird Erdöl gefördert. Dadurch ist das Land Libyen sehr reich geworden. Wohin mit dem Geld? Kann man nicht einen Teil des Geldes verwenden, um die Wüste in fruchtbares Land zu verwandeln?
1968 arbeitete ein Bohrtrupp im Gebiet der **Kufra-Oasen.** Er suchte Erdöl, fand aber Wasser, ungeheuer viel Wasser in über 1 000 m Tiefe. Sofort beschloß die Regierung, dieses Wasser zu nutzen. Heute werden hier 16 000 ha Wüstenland bewässert; bald sollen es 25 000 ha sein. (Noch 1960 gab es in Libyen insgesamt nur 4 400 ha Bewässerungsland.) Heute werden in jedem Jahr 100 000 Schafe aus dem Kufra-Gebiet in die Schlachthöfe der Küstenstädte geliefert. Angebaut werden Futterpflanzen für die Schafe (Luzerne und Sudangras), außerdem Weizen und Gerste.

Ein libyscher Agraringenieur:
„Wir haben hier 100 Anbaukreise. Jeder ist 100 ha groß. Die Beregnungskarusselle wurden in den USA entwickelt.
Jedes Karussell hat ein 560 m langes Rohr, von dem aus die Pflanzen besprüht werden. Dieser Apparat läuft auf Rädern und wird von Motoren bewegt. Eine Drehung dauert 24 Stunden oder 40 Stunden oder auch 60 Stunden, je nach Bedarf. Die Futterpflanzen bewässern wir ganzjährig; sie können elfmal geerntet werden. Die Getreidefelder benötigen nur zeitweise Wasser; nach der Ernte dienen sie als Schafweide." (12)

Der Betrieb, über den der Agraringenieur berichtet, ist ein riesengroßer Staatsbetrieb. Daneben gibt es zahlreiche kleine Farmen: Insgesamt werden 864 neue Farmen mit je 7 ha Bewässerungsfläche geschaffen. Dort sollen Menschen aus den alten Oasen und auch ehemalige Nomaden eine neue Heimat finden und moderne Landwirtschaft betreiben.
Die libysche Regierung hat ausländische Berater ins Land geholt, z. B. Fachleute aus den Niederlanden, aus Neuseeland, Australien und Deutschland.

Das **Imperial Valley in Kalifornien** liegt unter dem Meeresspiegel. Die Stadt Imperial liegt auf −20 m! Hier ist es so heiß und so trocken wie in der Sahara. Aus dieser Wüste haben die Amerikaner eine einzige große Oase gemacht.
170 000 ha werden bewässert. Das Wasser stammt vom Colorado, einem Fluß, der aus dem hohen Gebirge kommt. Kurz vor der mexikanischen Grenze wird ein Teil des Wassers abgezweigt und durch einen Kanal in das Imperial Valley geleitet.
Wie überall in den USA ist das Land in Quadrate aufgeteilt. Jedes Quadrat ist 800 m lang und 800 m breit, also 64 ha groß, größer als mancher Bauernhof bei uns.

**Am Rande des Imperial Valley:
Wüste — Bewässerungsland — Kanal**

Die Farm von Mr. Miller besteht aus 16 Quadraten; sie ist über 100 ha groß. Mr. Miller berichtet:
„Hier muß alles bewässert werden. Das Wasser kostet mich mehrere hunderttausend Mark im Jahr. Aber durch die Baumwolle hole ich das Wassergeld wieder herein. Ich habe mich auf Baumwolle spezialisiert. Sie wächst hier ausgezeichnet, und die Qualität ist erstklassig. Außerdem baue ich noch Weizen und Gemüse an, alles mit Maschinen. Ja, auch das Gemüse wird maschinell gepflanzt und geerntet: Möhren, Wirsing, Salat und Zwiebeln. Das meiste verkaufe ich in der Nähe, in Los Angeles und in San Diego an der Pazifikküste. Im Januar und Februar aber liefere ich manchmal bis nach New York. Wenn dort Eis und Schnee liegt, dann können wir frisches Gemüse liefern. Das gibt gute Preise!"

**Bewässerung eines Baumwollfeldes
Dattelpalmen, aus Afrika eingeführt**

❶ Nun kommt der Vergleich! Ihr könnt in Gruppen arbeiten:
a) Wo liegen die beiden Bewässerungsgebiete genau?
b) Wie wird bewässert?
c) Wie sind die Grundstücke geformt?
d) Wie groß sind die Betriebe?
e) Wer sind die Besitzer?
f) Was wird angebaut?

Ihr wart noch nicht in einem richtigen Seehafen? Dann ist es Zeit. Eine Hafenrundfahrt ist ein Erlebnis! Was gibt es da alles zu sehen! Das Schiff, das gerade festmacht, kommt von Australien. Um die halbe Erde ist es gefahren. — Die weißen Schiffe dort sind Fruchtschiffe. Sie fahren zwischen Deutschland und Ecuador hin und her. Sie holen Bananen aus Südamerika. — Und hier dieses riesige Schiff ist ein Tanker. Zwanzig Minuten braucht die Barkasse, um einmal um den Koloß herumzufahren.
Wie wär's mit einer Klassenfahrt zu dem nächsten Hafen? Und wenn die Seehäfen zu weit entfernt sind, dann tut es auch ein Binnenhafen. Oder ihr fahrt zu einem Flughafen. Auch der ist wie andere Häfen ein Knotenpunkt im Weltverkehr.
Mit Hilfe der folgenden Kapitel könnt ihr euch vorbereiten.

Schiffahrt und Häfen

112 Frachter löschen ihre Ladungen
114 Hafen Hamburg
116 Kleine und große Seeschiffe
118 Seehäfen
122 Kanäle für Seeschiffe
124 Binnenhafen Duisburg
126 Flughafen Frankfurt

Am Europakai

Frachter löschen ihre Ladungen

1 Zwei Frachter aus Übersee haben im Hamburger Hafen festgemacht. Vergleicht die beiden Fotos. Die Zeichnungen auf der rechten Seite können euch dabei helfen.

2 Was Frachtschiffe in den Hafen bringen: Baumwollballen, Kohle, Kaffee in Säcken, Tabak in Ballen und Fässern, Erdöl, gebündelte Rinderfelle, Zitronen in Kartons, wilde Tiere in Käfigen. Kennst du noch mehr? Ordne diese Güter in zwei Spalten: **Stückgüter** und **Massengüter**. Stückgüter sind hochwertige Güter, die in Kisten, Containern, Säcken, Ballen, Fässern usw. verladen werden. Massengüter werden in großen Mengen unverpackt transportiert.

3 Versuche, bei jeder Ware herauszufinden, mit welchem Gerät sie aus dem Schiff gehoben wird. Benutze die fünf Zeichnungen auf der rechten Seite.

Im Seehafen 2

Stückgut: Kaffee in Säcken, Baumwollballen usw.
Fahrbarer Kran, Gleise der Hafenbahn, Abstellfläche, 50 m breiter Kaischuppen, Laderampe für Lkw.
Mit Gabelstaplern werden die Güter an die richtigen Stellen im Kaischuppen gefahren. Bald beginnt der Weitertransport in Eisenbahnwaggons und Lastkraftwagen.

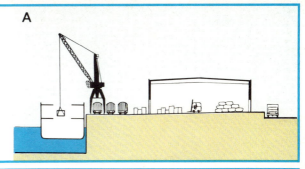
A

Stückgut: Bananen in Kartons (12 kg, etwa 75 Bananen).
11°C sind es im Bananenschiff während der Seereise von Südamerika nach Hamburg. Zum Ausladen wird der „Rüssel" des Elevators bis an die Ladeluke des Schiffes ausgefahren. In dem dicken Rohr läuft eine Förderkette. Unten im Schiff legen Arbeiter die Kartons in die Taschen der Förderkette.

4 Warum stehen Eisenbahnwaggons und Lkws im Bananenschuppen und nicht draußen?

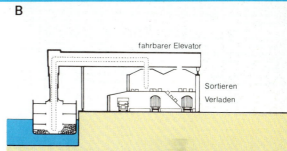
B

Stückgut: Maschinen, Flaschen usw. in Containern.
Container sind Behälter aus Stahl oder Leichtmetall. 6 m oder 12 m lang, 2,40 m breit, 2,40 m hoch. Sie lassen sich leicht stapeln. Großer Lagerplatz unter freiem Himmel. Weitertransport mit Bahn oder Lkw.

5 Vergleiche C mit A. Wo liegen die Vorteile?

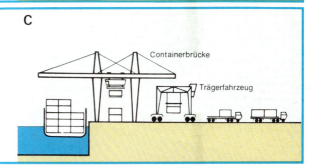
C

Massengut: Kohle, Erz usw. (Greifergut).
Fahrbare Verladebrücke (= Löschbrücke), Greifer an einer „Laufkatze", großer Lagerplatz unter freiem Himmel.

6 Massengut läßt sich einfach transportieren und umschlagen. Nenne die Einrichtungen, die man beim Massengutumschlag nicht braucht (Kaischuppen usw.).

7 Das Vorderteil der Verladebrücke ist hochklappbar. Überlege, warum.

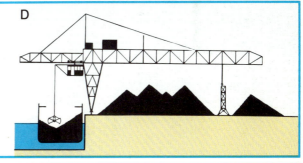
D

Massengut: Getreide.
Getreideheber saugen das Getreide aus dem Seeschiff in Silos.
Bei dem Umschlag im Strom liegt das Seeschiff an Dalben; schwimmende Getreideheber saugen das Getreide in Binnenschiffe (für den Transport auf Flüssen und Kanälen) oder in Schuten (für den Transport im Hafen).

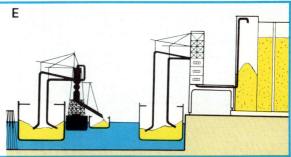
E

Hafen Hamburg

	seeschifftiefes Wasser
	flacheres Wasser, nur für die Binnenschiffe und Hafenschiffe
	Kaischuppen und Speicher
	Container-Anlagen
	Weitere Umschlagplätze und Lager
Öl	Mineralöl
Sp	Speiseöl
G	Getreide
Gr	Greifergüter (Kohle, Erze usw.)
H	Holz
W	Werft
	Industrie
	Autobahn
	Eisenbahn
	Freihafengrenze

0   1000   2000   3000 m

Hamburg ist der sechstgrößte Hafen Europas nach Rotterdam, Marseille, Le Havre, Antwerpen und London. Hier werden jährlich 17 000 Seeschiffe aus mehr als 80 Ländern gezählt. Täglich kommen in Hamburg etwa 50 Seeschiffe an, außerdem 65 Binnenschiffe, 5 000 Eisenbahnwaggons und 6 000 Lkws. Oft liegen 200 und mehr Seeschiffe gleichzeitig in den Hafenbecken. Die Kaianlagen für Seeschiffe sind zusam-

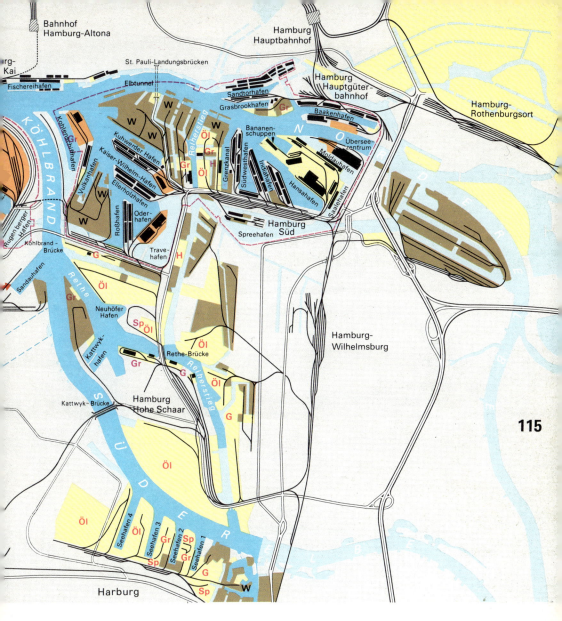

men 39 km lang, die Kaianlagen für Binnenschiffe 22 km. Hinzu kommen die Liegeplätze an den Dalben. Länge der Hafenbahngleise: 650 km.
Jahr für Jahr wächst die Menge der Güter. Der Hafen wird deshalb ausgebaut und erweitert.

1 Die drei Fotos A, B und C zeigen verschiedene Teile des Hamburger Hafens. Was wird umgeschlagen?

2 Bei den drei Fotos fehlen genaue Beschreibungen. Trotzdem kannst du die abgebildeten Teile des Hafens auf der Karte wiederfinden. Welcher Buchstabe gehört zu welcher Ziffer?

3 Wo endet die Seeschiffahrt elbaufwärts? Achte dabei auf die Eisenbahnlinien.

4 Welche Brücken führen über seeschifftiefes Wasser? Wie muß eine solche Brücke gebaut sein?

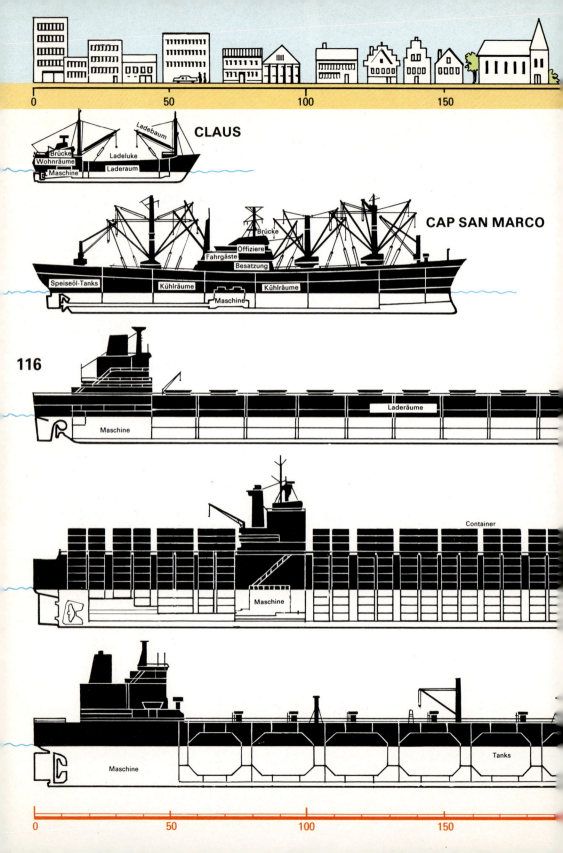

	BRT	tdw	Länge in m	Breite	Tiefgang vollbel.	kn	Besatzung	Fahrgäste	Baujahr
Küstenmotorschiff (Kümo) CLAUS	425	1 081	60	10	3,87	11,5	8	—	1968
Stückgutfrachter CAP SAN MARCO	9 990	10 100	159	21	8,43	20	46	12	1961
Containerschiff TRANSVAAL	52 609	49 000	258	32	13,00	23	26	—	1978
Massengutfrachter EMMA OLDENDORFF	37 614	66 800	253	32	12,52	15,5	28	10	1969
Tanker MYRINA	95 836	194 309	320	47	18,38	16,5	38	—	1968
Tanker ESSO DEUTSCHLAND	203 869	415 020	378	69	22,90	15,5	29	—	1976
Fahrgastschiff EUROPA	21 514	14 880	184	24	6,87	17	280	570	1952

BRT (Bruttoregistertonne) bezeichnet den gesamten Raum des Schiffes. 1 Registertonne = 2,83 m³.
tdw (tons dead weight) bezeichnet das Gewicht, das ein Schiff tragen kann. 1 englische ton = 1016 kg.
kn (Knoten) bezeichnet die Geschwindigkeit in Seemeilen/Std., 1 Seemeile = 1852 m.

EMMA OLDENDORFF
Fernsehkamera

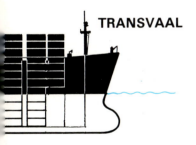

TRANSVAAL

MYRINA

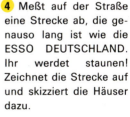

Kleine und große Seeschiffe 117

① So verschieden sind Seeschiffe! Vergleicht. Benutzt die Zeichnungen und die Angaben in der Tabelle.

② Das Fahrwasser der Elbe wurde vor einigen Jahren von 11 m auf 13,50 m vertieft. Welche Schiffe können Hamburg mit voller Ladung anlaufen? Siehe Tabelle.

③ Es werden immer größere Schiffe gebaut. Als der Tanker MYRINA gebaut wurde, war sie das größte deutsche Schiff. Heute steht die ESSO DEUTSCHLAND an der Spitze. Auch sie ist ein Tanker. Zeichne die ESSO DEUTSCHLAND. Du kannst dich beim Zeichnen nach der MYRINA richten. Wähle denselben Maßstab.

④ Meßt auf der Straße eine Strecke ab, die genauso lang ist wie die ESSO DEUTSCHLAND. Ihr werdet staunen! Zeichnet die Strecke auf und skizziert die Häuser dazu.

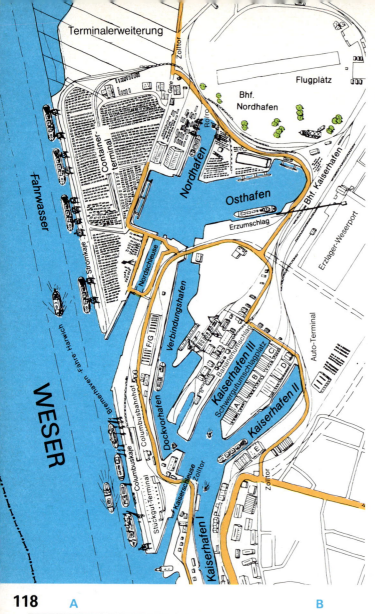

Seehäfen

1 Das Luftbild zeigt einen Teil der Hafenanlagen von **Bremerhaven**. Was bedeuten die Ziffern?
Ziffer 1 = ...

2 Unten sind vier Hafentypen aufgezeichnet. Zu welchem Hafentyp gehört Bremerhaven? Oder mußt du sogar zwei Hafentypen nennen?

3 Und zu welchen Hafentypen gehören Wilhelmshaven (Ölhafen, S. 121) und Rotterdam (S. 121)?

4 Welchen Sinn hat wohl die Schleuse beim Hafentyp D? Eine Schleuse ist doch sehr teuer, und das Durchschleusen kostet Zeit.

Die Kaiserschleuse wurde 1897 gebaut. Sie war die größte Schleuse der Welt: Länge 223 m, Breite der Einfahrt 28 m. – Die Nordschleuse wurde 1931 fertig. Sie ist noch größer: Länge 372 m, Breite der Einfahrt 45 m.

◀ Bremerhaven: Überseehäfen
Bremerhaven: Luftbild eines Teils der Überseehäfen ▶

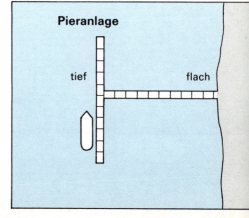

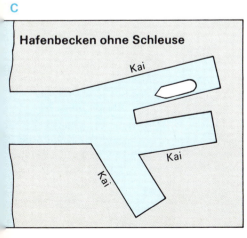

C **Hafenbecken ohne Schleuse**

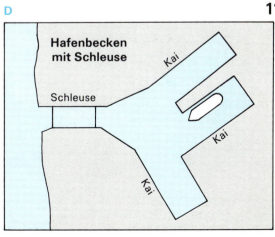

D **Hafenbecken mit Schleuse**

6.30 Uhr … **18.55 Uhr**

5 Man kann Tidehäfen und Schleusenhäfen unterscheiden. Die Bilder oben zeigen einen Tidehafen. Ein beladener Frachter liegt am Kai. Beschreibe den Vorgang, den die drei Bilder darstellen. Benutze dabei die Ausdrücke **Hochwasser** und **Niedrigwasser, Ebbe** und **Flut, Tidenhub**. (Du kannst genau messen: Die kleinen Striche an der Kaimauer zeigen Meter an.)

6 Zeichne eine ähnliche Bilderfolge wie oben, nun aber mit einem Tidenhub von 6 m. Wie tief müßte das Becken sein?

Ein Hafen, in dem die Schiffe sich mit Flut und Ebbe heben und senken, ist ein **Tidehafen**. Durch den Bau einer Schleuse kann man die Gezeiten aussperren: In einem **Schleusenhafen** bleibt der Wasserstand immer gleich hoch.

7 Welche der vier Hafentypen auf der vorigen Doppelseite unten sind Tidehäfen, welche sind Schleusenhäfen?

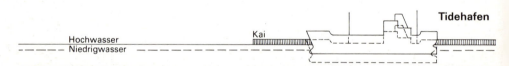

Tidehafen

Die Schiffe können schnell ein- und auslaufen. Löschen und Laden werden durch die Gezeiten (etwas) behindert. Gefahr bei Stürmen und Sturmfluten. Tiefe Hafenbecken und hohe Kaimauern sind teuer.

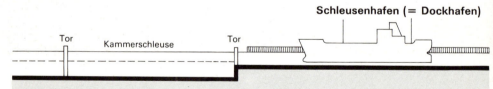

Schleusenhafen (= Dockhafen)

Keine Störungen beim Löschen und Laden. Beim Durchschleusen geht Zeit verloren. Es entstehen hohe Kosten für den Bau der Schleuse. Für Supertanker reichen auch die größten Schleusen nicht aus

Tidenhub
(Unterschied zwischen Hochwasser und Niedrigwasser)

Ostseeküste	bis 0,10 m	Wangerooge	2,80 m
Brunsbüttel	2,70 m	Rotterdam	1,65 m
Hamburg	2,80 m	Antwerpen	3,20 m
Bremerhaven	3,40 m	London	5,80 m
Bremen	3,20 m	Bristol	9,45 m
Wilhelmshaven	3,60 m	New York	1,35 m

8 Ein Lückentext:
Schleusenhäfen gibt es dort, wo der … sehr groß ist, z. B. 4 oder 6 m. Im Schutz der … kann man ungestört löschen und laden. Wenn aber das Löschen und Laden sehr schnell gehen soll, z. B. bei … und Fahrgastschiffen, dann kommt nur ein …hafen in Frage.

705 m weit hat man in **Wilhelmshaven** die Ölpier hinausgebaut. Dort, an der Löschbrücke, ist das Wasser der Jade am tiefsten. Bagger haben die Fahrrinne noch weiter vertieft: bis auf 20 m. Tankschiffe bis 250 000 tdw können hier festmachen. In einer Pipeline wird das Erdöl zu den Raffinerien im Ruhrgebiet und bei Köln gepumpt.

Ölpier Wilhelmshaven:
ESSO BONN legt an. Der Tanker hat eine Tragfähigkeit von 250 000 tdw.

121

Rotterdam hat den größten Hafen der Welt. Der Hafen ist immer weiter nach Westen gewachsen. Dort liegt Europoort („Tor Europas"). Der westliche Teil von Europoort ist sogar vor der Küste aufgespült worden. Eine 10 km lange Fahrrinne wurde ausgebaggert. Supertanker bis 300 000 tdw können Europoort anlaufen. Im Hafengebiet reiht sich eine große Raffinerie an die andere. Rotterdam ist der wichtigste Erdölhafen Europas geworden. Erdölleitungen führen auch nach Deutschland.
Andere Waren werden auf Binnenschiffe umgeladen. Der Rhein dient als Wasserstraße nach Westdeutschland und in die Schweiz.

Wege über den Nord-Ostsee-Kanal	
	Länge
Brücken (Höhe aller Brücken: 42 m)	
Eisenbahnhochbrücke Hochdonn	2 218 m
Eisenbahn- u. Straßenhochbrücke Grünental	161 m
Eisenbahnhochbrücke Rendsburg	2 468 m
Autobahnhochbrücke Rade	1 498 m
Eisenbahn- u. Straßenhochbrücke Levensau	180 m
Straßenhochbrücke Holtenau	518 m
Tunnels	
Straßentunnel Rendsburg	640 m
(mit Geländeeinschnitten	1 278 m)
Fußgängertunnel Rendsburg	130 m
Fähren	
an 15 Orten	

Nord-Ostsee-Kanal hinter Holtenau

Kanäle für Seeschiffe

Das Küstenmotorschiff CLAUS fährt mit Schnittholz von Finnland nach Antwerpen. Der Kapitän kann zwischen zwei Wegen wählen: um die dänische Halbinsel Jütland herum oder durch den Nord-Ostsee-Kanal quer durch Schleswig-Holstein. Er wählt den Kanal. Die Fahrt durch diesen **Seeschiffskanal** kostet zwar Gebühren, aber die Fahrzeit verkürzt sich um einen Tag.

Der Nord-Ostsee-Kanal ist der meistbefahrene Seeschiffskanal der Welt. An manchen Tagen benutzen ihn mehr als 200 Schiffe. In den letzten Jahrzehnten sind die Seeschiffe immer größer geworden. Seit 1965 wird der Kanal auf 162 m Breite ausgebaut. Trotzdem dürfen größere Schiffe nicht schneller als 12 km pro Stunde fahren, weil sonst die Ufer zerstört würden. Bei der Fahrt durch den Kanal muß ein Lotse an Bord genommen werden.

Neue und alte Schleusen bei Brunsbüttel

Eisenbahnhochbrücke bei Rendsburg

1. An beiden Enden, bei Brunsbüttel und bei Holtenau, ist der Kanal durch Schleusen vom Meer abgetrennt. Weshalb? Versucht eine Erklärung.
2. Durch Schleswig-Holstein führen wichtige Verkehrswege. Beim Bau des Kanals wurden sie zerschnitten. Studiere die Liste (links) und berichte, wie die Verbindungen wiederhergestellt wurden.
3. Für Könner: Die Karte rechts zeigt, welche Vorteile der Nord-Ostsee-Kanal bringt. Beispiel: Ein Frachtschiff fährt von einem Hafen an der Ostsee nach Bremen. Die Fahrt durch den Kanal ist 360 sm kürzer als die Fahrt durch den Großen Belt. Sie ist 260 sm kürzer als die Fahrt durch den Sund. Wie viele Seemeilen spart der Kümo CLAUS bei seiner Fahrt von Finnland nach Antwerpen?
4. Vergleicht die drei großen Seeschiffskanäle (Tabelle rechts).
5. Ein Erdöltanker fährt von Kuwait nach Rotterdam. Wegen seines zu großen Tiefgangs kann er nicht durch den Suezkanal fahren. Welche Route muß er nehmen? Miß die Entfernung auf beiden Strecken (mit einem Faden auf der Weltkarte im Atlas). Vergleiche.
6. Begründe mit einer ähnlichen Messung den Vorteil des Panamakanals, zum Beispiel für ein Schiff von New York nach Tokio.

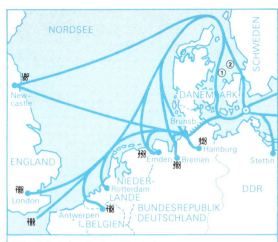

Die Fahrt durch den Nord-Ostsee-Kanal ist kürzer als die Fahrt durch den Großen Belt ① und durch den Sund ②. Es wird von der Insel Mön aus gerechnet.

Die großen Seeschiffskanäle

	Nord-Ostsee-Kanal	Suezkanal	Panamakanal
Baubeginn	1887	1859	1881
Eröffnungsjahr	1895	1869	1914
Länge	99 km	161 km	82 km
Tiefe	11 m	13,5 m	12,5 m
Breite	104 m (162 m)	120 m	90 m
Schleusen	2	0	6
Durchfahrzeit	7–9 Std.	15–20 Std.	7–8 Std.
Durchfahrten 1978	57 300	20 000	13 000
Transportmengen 1978	57 340 000 t	222 500 000 t	113 000 000 t

Tunnel der Europastraße 3 bei Rendsburg

124 Erzverladung in Duisburg-Ruhrort

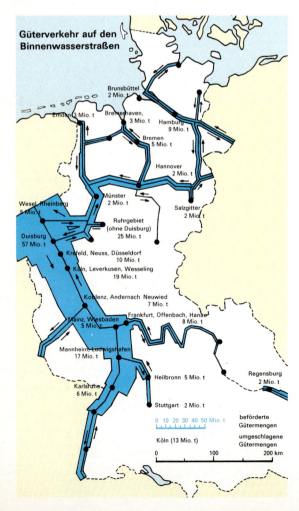

Binnenhafen Duisburg

Duisburg hat den **größten Binnenhafen Europas.** Eigentlich sind es mehrere Binnenhäfen: Außer den öffentlichen Häfen gibt es private Werkshäfen, die zu großen Industriebetrieben gehören. 1979 wurden in den Duisburger Häfen 57 Mio. t Güter umgeschlagen. In Hamburg waren es nur wenig mehr: 62 Mio. t.

Der bedeutendste und vielseitigste Hafen von Duisburg liegt in Ruhrort. Dort münden die Ruhr und der Rhein-Herne-Kanal in den Rhein. Im Ruhrorter Hafen gibt es Umschlaganlagen für die verschiedensten Massengüter: Erz, Schrott, Stahlbleche, Kohle, Baumaterialien, Öl... Lagerschuppen für Stückgüter braucht man kaum, denn die Binnenschiffahrt ist auf Massengüter ausgerichtet.

Auf einer Hafenrundfahrt können wir den Betrieb im Ruhrorter Hafen gut beobachten. Zwei Schiffstypen sind zu erkennen: Motorgüterschiffe und Schubeinheiten.

Wir begegnen den beiden **Motorgüterschiffen** HENRIETTE und KARL FRIEDRICH. Die HENRIETTE will in den Rhein-Herne-Kanal einfahren. Sie bringt Kohle nach Berlin. Die HENRIETTE ist ein **Europaschiff.** Sie faßt bis zu 1350 t und reicht vollbeladen 2,5 m tief unter die Wasseroberfläche. Damit kann sie fast alle Binnenwasserstraßen Europas befahren.

Die KARL FRIEDRICH kommt aus Rotterdam und hat Heizöl für Duisburg geladen. Sie ist größer als die HENRIETTE. Mit einer Tragfähigkeit von 2500 t und einem Tiefgang von 3 m verkehrt sie nur auf dem Rhein.

An der Hafeneinfahrt begegnet uns eine **Schubeinheit.** 185 m ist sie lang. Vier Wannen von 75 m Länge und 10 m Breite, sogenannte Schubleichter, sind zusammengekoppelt. Sie werden von einem 5000 PS starken Schubschiff geschoben: der RHENUS.

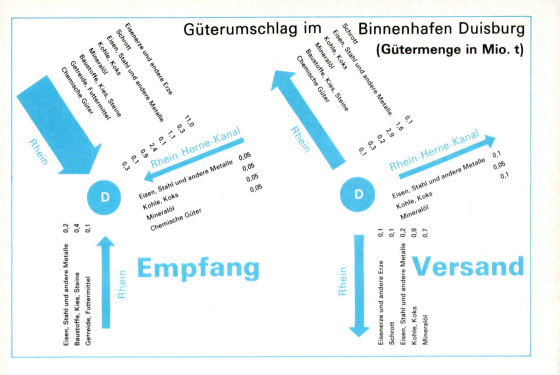

Die Schubleichter enthalten jeweils 2500 t Eisenerz aus Brasilien. Sie werden im Duisburger Hafen abgekoppelt. Die RHENUS schiebt vier leere Schubleichter zurück nach Rotterdam. Dort warten bereits wieder vier volle Leichter mit Erz. So geht das ununterbrochen, Tag und Nacht. Acht Mann Besatzung sind an Bord. Sie arbeiten in zwei Schichten. Schubeinheiten sind heute die leistungsstärksten Binnenschiffe. Mit Schubeinheiten werden bereits genauso viele Güter in die Duisburger Häfen gebracht wie mit Motorgüterschiffen. Schubeinheiten bevorzugen die großen Wasserstraßen. Für die meisten Kanäle und Schleusen sind sie zu breit und zu tief.

1 Was für Güter werden von den Schiffen in den Duisburger Hafen gebracht, was für Güter werden von den Schiffen mitgenommen? Studiere die Abbildungen oben.

2 Duisburg ist der Hafen für das westliche Ruhrgebiet. Was kann man aus dem Güterumschlag im Hafen über die Wirtschaft dieses Gebietes erfahren? Vergleiche mit der Atlaskarte.

3 Ein Teil der Eisenerze wird in Duisburg in Güterzüge umgeladen und zu den Stahlwerken im Saarland gefahren. Von welchem Binnenhafen aus könnte man das Saarland auf kürzerem Wege erreichen?

4 Beschreibe den Güterverkehr auf den deutschen Binnenwasserstraßen mit Hilfe der Karte links und stelle die fünf wichtigsten Binnenhäfen fest.

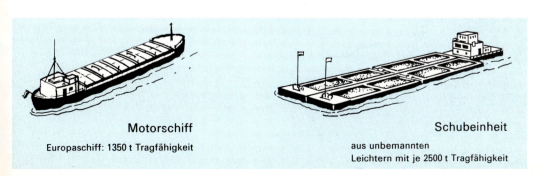

Motorschiff — Europaschiff: 1350 t Tragfähigkeit

Schubeinheit — aus unbemannten Leichtern mit je 2500 t Tragfähigkeit

Eine Boeing 747 am Flugsteig

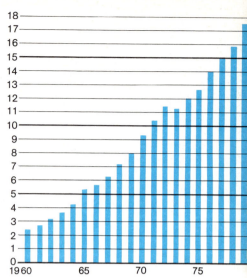

Fluggäste im Flughafen Frankfurt (in Millionen)

Flughafen Frankfurt

☐ Der riesige Jumbo-Jet, eine Boeing 747, nähert sich dem Flughafen Frankfurt. Es ist eine **Linienmaschine** der Lufthansa, Flug LH 431 von Chicago nach Frankfurt mit 410 Fluggästen an Bord. Über Funk erhält der Flugkapitän die Anweisung, mit dem Anflug zu beginnen und auf Landebahn 2 zu landen. Der Jumbo landet und rollt an den Flugsteig 35. Der Kapitän schaltet die Triebwerke ab. Zwei Fahrgastbrücken fahren heran. Die Stewardessen im Flugzeug öffnen die Türen. Die Fluggäste gehen von Bord. Sie folgen den Wegweisern und eilen durch kilometerlange Korridore und Hallen.

Zur gleichen Zeit wird das Reisegepäck ausgeladen. Es fährt auf Transportbändern zur Gepäckausgabe oder zu den Anschlußmaschinen.

1 Welche Teile des Flughafens erkennt ihr auf dem Luftbild? Nehmt die große Zeichnung unten zu Hilfe.

2 Herr Weber, ein Fabrikant aus Frankfurt, will zu einer Geschäftsbesprechung um 11 Uhr in Hamburg sein. Er überlegt, welches Verkehrsmittel er benutzen soll:

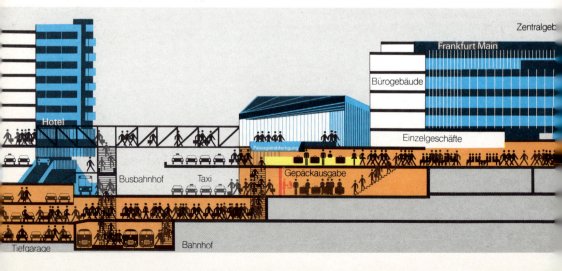

Der Hauptteil des Flughafens Frankfurt

Lufthansa Frankfurt — Hamburg — Frankfurt Kosten insgesamt 424 DM
2 Flüge + 4 Taxifahrten (Stadtmitte — Flughafen, Flughafen — Stadtmitte, je 15 DM)
Reisezeit hin und zurück 4 Std. 20 Min.
Flugzeiten + 4 mal 20 Min. Taxifahrten + 2 mal 25 Min. Einsteigen und Sicherheitskontrolle + 2 mal 5 Min. Aussteigen

Bundesbahn Frankfurt — Hamburg — Frankfurt Kosten insgesamt 246 DM
2 Intercity-Fahrten 1. Klasse + 2 mal Intercity-Zuschlag je 10 DM
Reisezeit hin und zurück 9 Std. 58 Min.
Fahrtzeiten + 2 mal 5 Min. Einsteigen + 2 mal 5 Min. Aussteigen

3 Ein Schiff benötigt von Bremen nach New York etwa 8 Tage. Wie lange braucht ein Flugzeug von Frankfurt nach New York? Benutze die Karte Seite 128 oben.

☐ Mit dem Jumbo der **Chartergesellschaft** „Condor" treffen in Frankfurt 68 Urlaubsreisende aus Düsseldorf ein. 31 bleiben zum Weiterflug nach Fernost an Bord. Die anderen steigen nach Zielen in Afrika oder Amerika um. Neue Fluggäste kommen: 36 aus Hamburg, 33 aus Stuttgart und 42 aus München. Sie sind mit Zubringerflügen angereist. Außerdem steigen 311 Touristen ein, die ihre Reise beginnen. Mit 453 Passagieren startet der fliegende Riese um 21.45 Uhr nach Colombo und Bangkok.
Den Flughafen Frankfurt benutzen im Tagesdurchschnitt etwa 40 000 Fluggäste, an Tagen mit Spitzenverkehr sogar 60 000. In der Urlaubszeit werden manchmal bis zu 60 Flugzeuge stündlich abgefertigt.

127

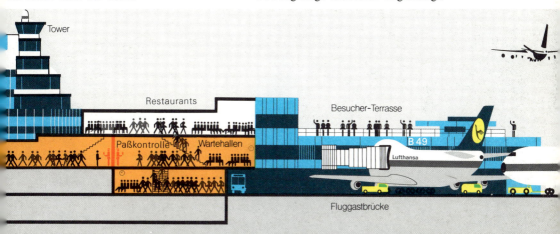

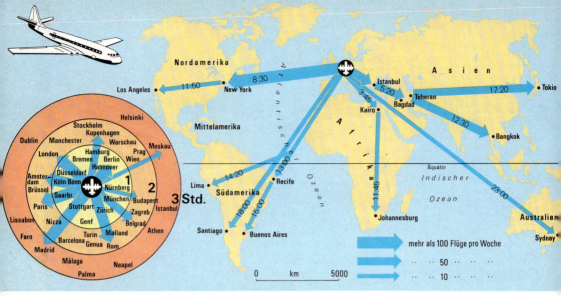

Flugzeiten und Direktflüge von Frankfurt/Main (Flugzeiten in Stunden und Minuten)

Flugzeuge der Deutschen Lufthansa

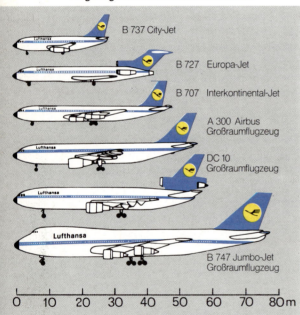

4 Welchen Platz nimmt der Flughafen Frankfurt unter den deutschen Flughäfen ein
a) im Personenverkehr,
b) im Frachtverkehr,
c) im Postverkehr?
Arbeite mit der Tabelle.

Deutsche Flughäfen 1978

Flughafen	Fluggäste	Fracht (t)	Post (t)
Berlin	4 020 882	11 452	9 745
Bremen	667 524	2 727	1 225
Düsseldorf	6 344 163	37 127	5 023
Frankfurt	15 764 166	599 984	68 479
Hamburg	4 158 420	24 933	8 390
Hannover	2 093 897	10 730	2 753
Köln/Bonn	2 124 641	79 427	4 939
München	5 617 990	48 365	8 065
Nürnberg	814 028	6 666	3 003
Saarbrücken	162 357	202	—
Stuttgart	2 736 226	22 354	3 863
Gesamt	44 504 294	843 967	115 485

Der Jumbo-Frachter Boeing 747 C der Deutschen Lufthansa

Nach der Zahl der Fluggäste nimmt Frankfurt hinter London den zweiten Rang unter den europäischen Großflughäfen ein. Im Luftfracht- und Luftpostumschlag steht Frankfurt an erster Stelle in Europa.

Luftfracht. Der Jumbo-Frachter, dessen Nase zum Beladen hochgeklappt wird, transportiert 90 bis 100 t Fracht. Das ist das Gewicht von über 100 Personenautos. Er wird auch mit Großcontainern fertig, wie sie auf der Eisenbahn oder auf Schiffen transportiert werden. Eine solche Maschine verkehrt täglich nonstop auf der Strecke Frankfurt–New York–Frankfurt. Der Jumbo ersetzt drei herkömmliche Frachtflugzeuge vom Typ Boeing 707. Er macht jedoch nur halb soviel Lärm wie eine Boeing 707.

Luftpost. Kurz nach Mitternacht landen nacheinander neun Düsenmaschinen auf dem Rhein-Main-Flughafen. Etwa eine Stunde später starten sie wieder in alle Himmelsrichtungen. In der Zwischenzeit herrscht hektischer Betrieb. Mit Förderbändern werden Postsäcke aus den Flugzeugen geholt, nach Bestimmungsorten sortiert und neu verladen. 130 Arbeitskräfte müssen 2,5 Millionen Briefsendungen mit einem Gewicht von 50 t abfertigen. So geht es hier jede Nacht. Seit Einführung des **Nachtluftpostdienstes** geht alle Post über Frankfurt. Ein am späten Abend in Hamburg eingeworfener Brief kann so am folgenden Tag in Garmisch zugestellt werden.

Der Flughafen Frankfurt ist der wichtigste **Knotenpunkt** im weltweiten Streckennetz der Deutschen Lufthansa. Der Flughafen garantiert jedem Fluggast eine Umsteigezeit von höchstens 45 Minuten. Damit ist Frankfurt der „schnellste" Großflughafen der Welt. In einem Jahr können bis zu 30 Millionen Fluggäste abgefertigt werden.

Ein Jumbo-Frachter wird beladen

5 30 000 Menschen sind 1980 auf dem Flughafen beschäftigt. 1985 sollen es 55 000 sein. Welche Berufe werden vor allem gebraucht? Studiere die Tabelle unten und den Querschnitt auf den Seiten 126/127.

∞ 6 Man könnte einen Großflughafen wie Frankfurt als eine „Stadt ohne Einwohner" bezeichnen. Warum?

Zahlen über den Flughafen Frankfurt	
Größe:	1 203 ha
Start- und Landebahn:	
Nordbahn: Länge 3 900 m	Breite 60 m
Südbahn: Länge 3 750 m	Breite 45 m
Parkplätze für 7 060 Pkw; S-Bahnhof; Gepäckförderanlage: insgesamt 40 km Förderstreckeersorgung der Fluggäste:	
Restaurants	12
Snackbars und Schnellimbißlokale	12
Kantinen	3
Verkaufsstände, Läden (darunter ein Supermarkt) und Banken	101
Beschäftigte: etwa 30 000, davon bei	
Lufthansa AG	11 000
Flughafen AG	5 500
Bundesanstalt für Flugsicherung	1 100
Deutsche Bundespost	600
Hauptzollamt Flughafen	370

Landwirtschaft in Deutschland

132 Zuckerrüben und Weizen aus den Börden

134 Viehbauern in Eiderstedt und im Allgäu

138 Wir erkunden einen Bauernhof

140 Gemüse von der Insel Reichenau

143 Bei Weinbauern an der deutschen Weinstraße

146 Apfelsinen aus Valencia

Ferien auf dem Bauernhof: Ponys, Katzen, weite Spielwiesen, Wald, Wasser, ein kräftiges Frühstück ... Einige kennen das bereits, andere träumen davon. Aber ist das die ganze Wirklichkeit eines Bauernhofes? Wie sieht denn ein Arbeitstag für den Bauern und seine Familie aus? Welche Arbeit bringt ihnen das Jahr?

Außerdem: Die Bauernhöfe in Deutschland sind doch sehr verschieden, je nachdem wo sie liegen. Der eine erzeugt vorwiegend Fleisch, der andere Milch oder Getreide oder Gemüse. Es gibt viele Betriebe, die gar nicht die Zeit haben, Gäste aufzunehmen. Dort werden alle Hände für die Erzeugung von Nahrungsmitteln gebraucht.

Zuckerrübenernte

Zuckerrüben und Weizen aus den Börden

☐ Zuckerrübenernte in der Börde. Ende September ist es so weit. Die Rübenrodemaschine fährt über die Felder. Sie trennt die Blätter von den Rüben, hebt die Rüben aus dem Boden und sammelt sie in einem großen Gitterbehälter. Dann werden die Rüben auf Anhänger verladen und mit Treckern zur Zuckerfabrik gefahren. Dort ist die „Kampagne", die Verarbeitung der Rüben, bereits in vollem Gang. Sie dauert etwa bis Weihnachten. In dieser Zeit wird Tag und Nacht gearbeitet. Während der Lagerung verliert die Zuckerrübe nämlich von ihrem Zuckergehalt. Die Rüben werden gewaschen und geschnitzelt; die Schnitzel werden ausgekocht und ausgepreßt; der gewonnene Sirup wird zu Zucker verarbeitet.

Aus 7 t Zuckerrüben gewinnt man 1 t Zucker. Da man bei uns in Deutschland von 1 ha fast 45 t Rüben erntet, werden bei einer Anbaufläche von 400 000 ha etwa 2 500 000 t Zucker erzeugt. Das reicht zur Ernährung unserer Bevölkerung aus.

Die Blätter der Zuckerrüben werden in Silos geschüttet. Durch Gärung entsteht dort ein wertvolles Viehfutter. Das Vieh in der Börde kann deshalb das ganze Jahr über im Stall bleiben und dort Futter erhalten.

Zuckerfabrik

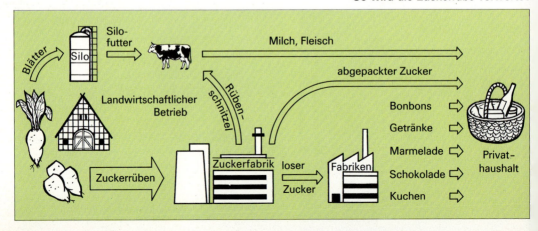
So wird die Zuckerrübe verwertet

Zuckerrüben sind Hackfrüchte wie die Kartoffeln. Während die Kartoffeln sandigen Boden lieben, wachsen Zuckerrüben am besten auf fruchtbarem, nährstoffreichem Boden.

Der beste Boden findet sich in den Börden Norddeutschlands und Westdeutschlands und in den Gäulandschaften Süddeutschlands. Der Boden besteht dort aus **Löß**. Löß ist steinlos und feinkrümelig. Er speichert sehr gut die Feuchtigkeit. Löß enthält alle wichtigen Nährstoffe, die die Ackerpflanzen benötigen.

Börden und Gäulandschaften sind offene, waldfreie Landschaften mit großen Dörfern und reichen Höfen. Es sind die wichtigsten Anbaugebiete Deutschlands.

1 Suche auf der Deutschlandkarte im Atlas drei Börden und zwei Gäulandschaften.
2 Suche im Atlas zwei Zuckerfabriken in Norddeutschland, zwei in Westdeutschland und zwei in Süddeutschland. Schreibe jedesmal die nächste große Stadt auf.

Um die Nährstoffe des Bodens nicht einseitig zu verbrauchen, wechselt der Bauer von einem Jahr zum anderen auf jedem Feld die Pflanzen. So entsteht eine **Fruchtfolge.**

Die Fruchtfolge in der Börde:
1. **Jahr:** Zuckerrüben
2. **Jahr:** Weizen als Wintergetreide
3. **Jahr:** Hafer und Gerste als Sommergetreide
4. **Jahr:** wie im 1. Jahr

Getreide nimmt in dieser Fruchtfolge zwei Drittel der Flächen ein. Die Anbaugebiete von Zuckerrüben sind gleichzeitig die wichtigsten Kornkammern Deutschlands.

3 Die beiden Karten zeigen einen Ausschnitt aus der Hildesheimer Lößbörde. Was wird wohl im dritten Jahr auf den Feldern Westerfeld, Hinter der Kirche und Am roten Berge angebaut werden? Was im vierten Jahr?

Weizenernte in der Börde

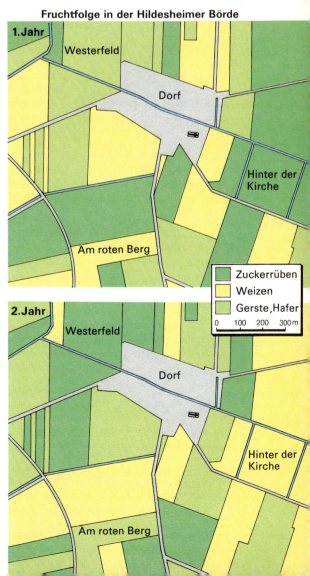

Fruchtfolge in der Hildesheimer Börde

Bulle der Rasse „Schwarzbuntes Niederungsvieh" Kuh der Rasse „Braunvieh"

Viehbauern in Eiderstedt und im Allgäu

Bauer Hansen wohnt in der Marsch von **Eiderstedt**, nicht weit vom Seedeich entfernt. Der Hof liegt allein, wie alle Höfe hier. Durch einen Kranz von Bäumen ist er gegen den ständigen Wind geschützt. Das Land ist flach, der Boden feucht und schwer. Das Grundwasser steht sehr hoch. Unter diesen Bedingungen ist Ackerbau schwierig. Fast alles Land in Eiderstedt wird heute als Grünland genutzt.
Bauer Hansen besitzt 44 ha. Er betreibt **Grünlandwirtschaft**. Im Sommer hat er etwa 60 Rinder auf der Weide. Es sind Bullen, die gemästet werden. **Mastbullen** sind nach $2\frac{1}{2}$ Jahren mit einem Gewicht von 500–600 kg schlachtreif. Im Winter, von November bis April, stehen die Tiere im Stall. Am liebsten wäre es Bauer Hansen, wenn er nur wenige Tiere den Winter über versorgen müßte. Er versucht deshalb, möglichst viele Jungtiere erst im Frühjahr zu kaufen und möglichst viele schlachtreife Tiere bereits im Herbst zu verkaufen.
Außer den Bullen hat Bauer Hansen Schafe: 40 Mutterschafe und ihre Lämmer. Sie bleiben das ganze Jahr über draußen. Die meisten Lämmer werden verkauft und geschlachtet, wenn sie 50 kg schwer geworden sind. Lammfleisch ist von Feinschmeckern begehrt.
Ganz anders sieht es bei **Bauer Moser** aus. Er wohnt etwa 700 m hoch im **Allgäu**. Die Niederschläge sind hoch, weil die Wolken sich vor den Alpen stauen und abregnen. Auch im Allgäu wird das meiste Land als Grünland genutzt. Daneben gibt es viele kleinere Wälder. Der Hof von Bauer Moser liegt zusammen mit zwei anderen Höfen abseits des Dorfes.
Bauer Moser besitzt 31 ha. Auch er betreibt Grünlandwirtschaft. Er hat 43 Rinder: 32 **Milchkühe** und 11 Jungtiere. Im Sommer sind die Rinder auf der Weide, die Milchkühe jedoch nur tagsüber. Die Milchkühe werden im Stall gemolken und bleiben die Nacht dort. Bauer Moser braucht also nachts und im Winter einen großen Stall. Und er braucht viel Platz für das Heu als Winterfutter.
Welche Unterschiede: Bauer Hansen erzeugt Fleisch, Bauer Moser erzeugt Milch. Zweimal Grünlandwirtschaft, zweimal Rinderhaltung, und doch sehen Betrieb und Arbeit der beiden Bauern ganz verschieden aus.
Natürlich gibt es in Eiderstedt Betriebe, die auch Milch erzeugen. Natürlich gibt es im Allgäu Betriebe, die auch Fleisch erzeugen. Die Verbindung von Milch- und Fleischerzeugung ist in vielen Grünlandbetrieben sogar üblich. Sie macht den Betrieb krisensicher. In Eiderstedt und im Allgäu haben sich die Bauern jedoch besonders stark **spezialisiert**.

Grünlandwirtschaft in Eiderstedt

Grünlandwirtschaft im Allgäu

1 Suche auf der Atlaskarte von Deutschland drei Gebiete mit Grünlandwirtschaft. Welche Städte liegen in der Nähe?

135

So nutzt Bauer Moser seine Weiden für die Milchwirtschaft.

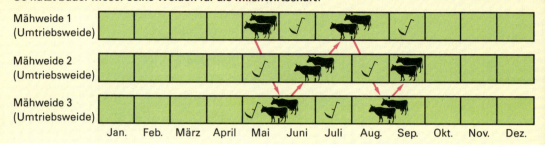

☐ **Bauer Moser** legt Wert auf Kühe, die viel Milch geben. Jährlich 5 000 Liter pro Kuh sind keine Seltenheit. Wer heute ausschließlich von Milchkühen leben will, muß mindestens 30 davon haben. Bauer Moser hat 32. Sein Großvater brauchte noch 200 Stunden im Jahr, um eine Kuh zu versorgen. Bauer Moser schafft es mit 80 Stunden und weniger. Dafür hat er viel Geld ausgeben müssen: für das moderne Stallgebäude, für die Melk- und Kühlanlagen, für eine Entmistungsanlage, für den Jauchetank und für das Futterlager.

Mit der elektrischen Melkmaschine können die 32 Kühe in etwa einer Stunde gemolken werden. Aus dem Kuheuter fließt die Milch durch Schläuche in die Kühlanlage. Tankfahrzeuge der Molkerei holen sie einmal täglich ab. Die Kühe müssen jeden Morgen und jeden Abend gemolken werden. Ein freies Wochenende oder einen Urlaub hat die Familie Moser trotz der Automatisierung im Kuhstall nicht.

2 Ein Industriearbeiter arbeitet rund 1 800 Stunden im Jahr. 32 Kühe erfordern 2 500 Stunden Arbeit. Was bedeutet das für Bauer Moser?

„Die Milch ist unsere wichtigste Einnahmequelle", sagt Frau Moser. „Wir könnten noch mehr Milch erzeugen, wenn wir das Gras nicht zu Heu, sondern in einem Silo zu Gärfutter verarbeiten würden. Aber das verbietet die **Käserei**. Aus unserer Milch wird nämlich Hartkäse hergestellt, der berühmte Emmentaler."

Silofutter macht die Milch für die Herstellung von Hartkäse untauglich. Zum Ausgleich erhält Bauer Moser einen höheren Preis als seine Nachbarn, die Silofutter verwenden und ihre Milch an ein Milchwerk liefern. Dort werden Trockenmilch für Schokoladenfabriken, Kondensmilch, Butter und Weichkäse hergestellt.

Bauer Moser braucht viel Heu als Winterfutter. Deshalb dienen seine Weiden auch als Wiesen: Sie werden gemäht. Man spricht von „Mähweiden". Jede Mähweide wird durch Elektrozäune in kleine Koppeln unterteilt, damit die Kühe das Gras gleichmäßig abfressen. Nach 4 bis 5 Tagen ist die nächste Koppel dran. „Umtrieb" nennt man das im Allgäu. Man sieht die Kuhherde also immer nur auf einer kleinen Fläche weiden. Nach dem Weidegang wird gedüngt. Das Gras wächst nach, wird gemäht und zu Heu gemacht.

3 Erläutere die Weidenutzung im Allgäu an der Abbildung oben. Wo liegen Unterschiede zu Eiderstedt?

In der Käserei

So nutzt Bauer Hansen seine Weiden für die Bullenmast.

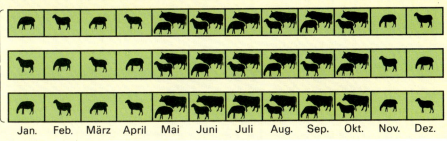

Standweiden (Ein Bauer hat seine Weiden gewöhnlich in mehrere Standweiden aufgeteilt.)

Jede Kuh muß kalben, sonst gibt sie keine Milch. Eine Kuh bekommt einmal im Jahr ein Kalb. Die jungen Bullen verkauft Bauer Moser bald nach der Geburt. Die weiblichen Jungtiere behält er. Sie kommen im Sommer auf eine besondere Weide: 18 km vom Hof entfernt und 1 200 m hoch in den Alpen. Es ist eine **Alm.** Dort bleiben sie drei Monate lang. Nur gelegentlich fährt Herr Moser hin, um nach dem Rechten zu sehen. Früher hat er auch Milchkühe auf die Alm getrieben. Aber das lohnt heute nicht mehr. Es macht zuviel Arbeit.

Bauer Hansen legt Wert auf eine rasche Gewichtszunahme der Bullen. Auf der Weide nimmt jedes Tier täglich 1 kg zu. Die Weiden in Eiderstedt sind größer als die im Allgäu. Sie bieten viel Futter. Den ganzen Sommer über können die Tiere auf ihrer Weide bleiben. Man spricht von „Standweiden". Die Standweiden werden von den Schafen gleichmäßig sauber gefressen.

Im Winter, wenn die Bullen im Stall gefüttert werden, nehmen sie täglich nur 0,5 kg zu. Manche Bauern führen Bullenmast ganz im Stall durch. Die Tiere erhalten dann ein besonderes Kraftfutter. Weidemast ist nicht nur billiger, sie ist auch besser. Auf der Weide wachsen die Bullen schneller, ihr Fleisch wird nicht fett und erzielt dadurch höhere Preise. Außerdem macht Weidemast weniger Arbeit. Bauer Hansen kann seinen Betrieb ganz allein bewirtschaften. Er selber besitzt keine Maschinen. Wenn er Heu machen, Dünger streuen oder Gräben reinigen will, ruft er einen Lohnunternehmer, der die Arbeit für ihn erledigt.

Bullenmast ist einfacher als Milchwirtschaft. Wichtig ist aber, daß der Bauer ein guter Viehhändler ist. Er muß die Bullen im richtigen Augenblick einkaufen, und er muß sie im richtigen Augenblick verkaufen. Bauer Hansen verkauft seine Bullen vorwiegend an den **Großschlachthof** in Husum. Von dort wird das Fleisch bis in das Ruhrgebiet geliefert.

④ Einige Leute, die in Eiderstedt Bullen mästen, wohnen gar nicht dort. Wie ist das möglich?

⑤ Welche Begriffe gehören nach Eiderstedt, welche ins Allgäu: Braunvieh, Großschlachthof, Lammfleisch, Käserei, Marsch, Mastvieh, Hügelland, Schwarzbuntes Niederungsvieh, Alm?

Rinderhälften im Schlachthof

Heute mittag gibt's bei uns Kotelett, hm!

Igitt Schweine!

Guck mal, zwölf kleine Ferkel, wie süß.

Hoffentlich fahren wir auch noch mit dem Traktor!

Warum stinkt denn das Futter so?

Ich hätte nie gedacht, man als Bauer so viel arbeiten muß.

Dafür hat d[er Bauer] doch seine Maschinen.

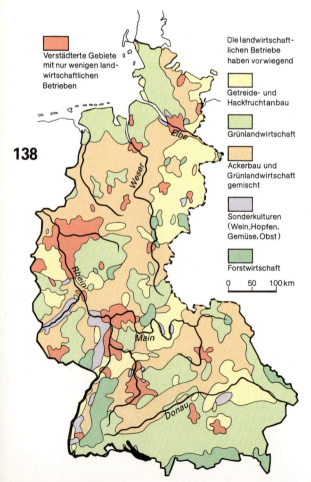

Verstädterte Gebiete mit nur wenigen landwirtschaftlichen Betrieben

Die landwirtschaftlichen Betriebe haben vorwiegend

Getreide- und Hackfruchtanbau

Grünlandwirtschaft

Ackerbau und Grünlandwirtschaft gemischt

Sonderkulturen (Wein, Hopfen, Gemüse, Obst)

Forstwirtschaft

0   50   100 km

Wir erkunden einen Bauernhof

Woher kommen eigentlich unsere wichtigsten Nahrungsmittel? Die Jungen und Mädchen der Klasse 5 c der Goethe-Schule wollten es genau wissen. Auf ihrem Klassenausflug besuchten sie den Hof des Bauern Harms. Es wurden zwei aufregende Stunden dort.

Herr Harms ließ die ganze Klasse gleich zu den Schweinen reinschauen — genauer gesagt: zu den Ferkeln. Zwölf Ferkel waren gerade erst geboren. Sie lagen zusammen mit dem Mutterschwein in einer Box. Wenn die Ferkel etwa 6 Wochen alt sind, werden sie von der Sau getrennt und in einem anderen Stallteil untergebracht. Die Jungen und Mädchen waren überrascht: Es sah gar nicht aus „wie im Schweinestall".

„Ohne Sauberkeit wären meine Schweine viel zu oft krank. Schweine sind empfindliche Tiere", erklärt Herr Harms. „Warum ist die Sau denn angebunden?" will Heiner wissen und Ulrike staunt: „Die Schweine sind ja so schlank!" „Alles der Reihe nach", sagt Herr Harms: „Wenn ich die Sau nicht anbinde, läuft sie in der Box umher und legt sich aus Versehen auf ein Ferkel. Ja, und der Schweinespeck: Wer will denn heute noch fettes Fleisch? Die Schweine haben sich auf unsere Eßgewohnheiten umstellen müssen. Dabei haben die Schweinezüchter sogar die Natur überlistet. Früher hatte jedes Schwein 12 Rippen. Das gab 24 Koteletts. Das moderne Schwein hat 16 Rippen."

Die Schüler kamen ins Fragen. Es war gut, daß sie ihre Fragen in einem Fragebogen zusammengestellt hatten.

Nach dem Schweinestall waren sie noch im Kuhstall und im Wohnhaus. Sie besichtigten die Maschinen und fuhren mit dem Traktor aufs Feld hinaus. Sie staunten, was ein Bauer alles können muß: Tiere betreuen, Pflanzen pflegen, Maschinen bedienen, Rechnungsbücher führen ... Viele hatten sich die Landwirtschaft ganz anders vorgestellt.

1 Vergleicht den Betrieb von Herrn Harms mit den Betrieben in der Börde und dem Betrieb im Allgäu (Seiten 132—137). Welche Unterschiede fallen euch auf?

2 a) Ordnet die unterschiedlichen landwirtschaftlichen Betriebe auf den Seiten 132—139 in die Karte links ein.
b) Was für Betriebe überwiegen in eurer Umgebung?

3 Plant selbst die Erkundung eines Hofes. Der Fragebogen kann euch helfen. (Teilt die Fragen auf einzelne Gruppen auf.)

FRAGEBOGEN

1. Wie groß ist der Betrieb und wo liegt er (im Dorf oder außerhalb)?
Der Betrieb ist 20 ha groß. Er liegt zusammen mit 5 anderen Betrieben 3 km von Kirchdorf entfernt.

Wie liegen die Felder (zusammen oder verteilt/Entfernung zum Hof)?
Die Felder sind auf 4 Blöcke verteilt. Sie liegen bis zu 2 km vom Hof entfernt.

Eignet sich der Boden zum Ackerbau oder als Grünland?
Der Boden ist sehr steinig, läßt sich aber noch pflügen und als Ackerland nutzen.

2. Wer arbeitet auf dem Hof?
Der Bauer arbeitet voll, seine Frau hilft mit = 1½ Arbeitskräfte.

Wie lange wird täglich gearbeitet?
Von morgens um 6⁰⁰ bis abends um 6⁰⁰ mit kleinen Pausen. Das Vieh hat seine festen Zeiten für Füttern und Melken.

Gibt es auch Urlaub?
Bisher noch nicht. Das Vieh muß ja jeden Tag versorgt werden.

3. Was für Tiere sind auf dem Hof?
8 Kühe und 16 Jungvieh, 7 Sauen und 85 Mastschweine und Ferkel.

Was fressen sie?
Kühe: Gras auf der Weide, im Stall Heu, Zuckerrübenblätter, Futterrüben und Schrot aus Gerste und Hafer. Schweine: Schrot aus Gerste und Hafer, Futterrüben, Kraftfutter mit Mineralstoffen.

Was für Arbeit erfordern sie?
*Kühe: füttern, melken, entmisten.
Schweine: füttern, entmisten.
Hilfe bei Geburten, Gesundheitspflege, Gewichtskontrolle.*

4. Wie werden die Flächen genutzt?
5 ha Grünland, 4 ha Gerste, 2 ha Gerste-Hafer-Gemisch, 2,5 ha Weizen, 1 ha Zuckerrüben, 0,5 ha Futterrüben.

Wo bleibt die Ernte?
Weizen und Zuckerrüben werden verkauft. Futterrüben, Zuckerrübenblätter, Heu, Gerste und Hafer werden verfüttert.

Welche Feldarbeiten sind notwendig? Wann liegen sie im Jahr?
*April: Die Felder für Hafer und Rüben werden gepflügt, geeggt und bestellt, die Felder mit Weizen und Gerste (Wintergetreide) erhalten Kunstdünger.
Mai/Juni: Spritzen gegen Schädlinge und Unkraut.
Juni: Heu-Ernte.
Ende Juli: Gerste-Ernte.
August: Weizen- und Haferernte.
Oktober: Zuckerrübenernte, nach der Ernte wird die obere Bodenschicht leicht bearbeitet.
November: Aussaat von Weizen und Gerste (Wintergetreide).*

5. Was für Maschinen sind da?
2 Traktoren, Pflüge, Eggen, 1 Mähdrescher, 1 Strohpresse, Melkanlage.

Was kosten solche Maschinen?
Der kleine Traktor mit 60 PS = 35 000 DM, der Mähdrescher = 50 000 DM, die Melkanlage 20 000 DM.

6. Was für Gebäude stehen auf dem Hof? (Skizze anfertigen!)

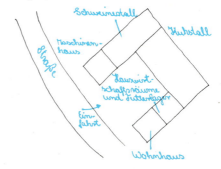

Gemüse von der Insel Reichenau

☐ Die Reichenau ist eine Insel im Bodensee. Dort wohnt Herr Böhler. Er ist Gemüsebauer. Zusammen mit seiner Frau und seinem Sohn bewirtschaftet er 11 400 m², also nur wenig mehr als 1 ha. Ein Drittel dieser Fläche wird von Gewächshäusern eingenommen. Familie Böhler hat sich auf den Anbau von Feldsalat, Kopfsalat, Buschbohnen, Endivien, Rettich, Kohlrabi und Gurken spezialisiert.
Gemüseanbau ist wie der Weinbau eine **Sonderkultur**. Das merkt man auch an den Maschinen, mit denen Herr Böhler arbeitet. Er verwendet eine kleine Maschine, an die er Zusatzgeräte montieren kann: den Pflug und die Fräse zur Bodenbearbeitung, das Pflanzgerät und das Sägerät, den Düngerstreuer und die Spritze zur Schädlingsbekämpfung. Für bestimmte Arbeiten leiht er sich einen Gabelstapler, einen Anhänger und eine Wasch- und Sortiermaschine für Gemüse.

1 Zeichne die Tabelle ab und fülle sie aus:

Der Betrieb Böhler

Betriebsfläche	Arbeitskräfte	Betriebsgebäude	Maschinen

2 Sieh dir das Luftbild rechts an. Warum wird die Insel Reichenau wohl „Garten im Bodensee" genannt?

☐ Die Insel Reichenau hat ein warmes Klima. Die Anbaubedingungen sind sehr günstig. Die Gemüsebauern wollen sie verbessern, um noch frühere und noch größere Ernten zu erzielen:
- Dazu dienen vor allem Gewächshäuser. Ein großes Gewächshaus kostet soviel wie der Bau eines Wohnhauses. Trotzdem lohnt es sich. Man kann im Gewächshaus fünf- bis achtmal soviel ernten wie draußen.
- Neuerdings gibt es auch im Freiland eine Möglichkeit, schon sehr früh im Jahr Gemüse anzupflanzen und zu ernten: Herr Böhler legt Plastikfolien über die Beete. Die Folie erhält die Bodenfeuchtigkeit. An sonnigen Tagen kann es unter der Folie bis zu 15 Grad wärmer sein.
- Ein kleines, beheizbares Gewächshaus dient als Anzuchthaus. Darin zieht Frau Böhler aus Samen Jungpflanzen, die ins Freiland oder in die anderen Gewächshäuser umgepflanzt werden. Dadurch kann Familie Böhler bis zu einem Monat früher ernten.
- Die Pflanzen werden künstlich bewässert. Herr Böhler verwendet Regner, die Bodenseewasser versprühen. So ist auch bei längerer Trockenheit immer genug Wasser vorhanden, und an heißen Sommertagen können hitzeempfindliche Pflanzen wie der Kopfsalat gekühlt werden. Gleichmäßig beregnete Pflanzen wachsen schneller.

3 Erläutere die Abbildung unten.

4 Warum ist es für Familie Böhler wichtig, das Gemüse möglichst früh im Jahr auf den Markt zu bringen?

Gemüsefolgen in einem Reichenauer Betrieb

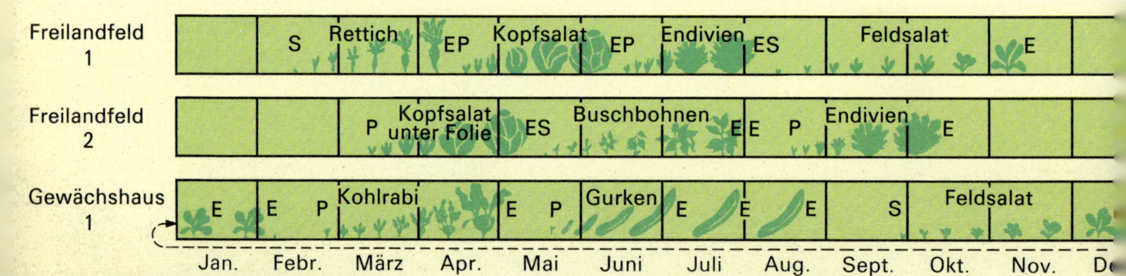

Freilandfeld 1: S Rettich EP Kopfsalat EP Endivien ES Feldsalat E
Freilandfeld 2: Kopfsalat P unter Folie ES Buschbohnen E E P Endivien E
Gewächshaus 1: E E P Kohlrabi E P Gurken E E E S Feldsalat

Jan. Febr. März Apr. Mai Juni Juli Aug. Sept. Okt. Nov. D

S = Säen P = Pflanzen E = Ernten

Anbau von Kopfsalat und Tomaten im Gewächshaus

Tomatenernte im Freiland

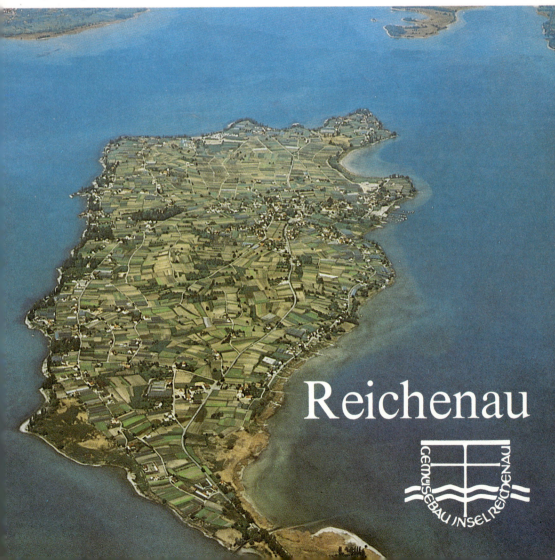

Reichenau

An einer Sammelstelle wird das Gemüse angeliefert

☐ Die Bauern liefern das geerntete Gemüse gewaschen, sortiert und in Kisten verpackt bei den Sammelstellen der Genossenschaften ab. Was bis zum späten Abend dort ist, wird noch während der Nacht oder am frühen Morgen verladen und abtransportiert. Das meiste Gemüse wird an Großmärkte geliefert. Dort kaufen die Einzelhändler ein. Sie verkaufen das Gemüse auf dem Wochenmarkt oder in ihrem Laden weiter.

Jede Hausfrau weiß, wie stark die Gemüsepreise schwanken können. Täglich verfolgt deshalb der Geschäftsführer der Genossenschaft über Telefon und Fernschreiber die Entwicklung der Preise: Die Preise sinken z. B., wenn es eine große Ernte gibt; sie steigen, wenn Feiertage bevorstehen. Was würde all der Fleiß der Gemüsebauern nützen, wenn die leichtverderblichen Waren nicht rasch und zu guten Preisen verkauft werden könnten?

Herr Böhler hat sich mit anderen Gemüsebauern zu einer **Genossenschaft** zusammengeschlossen. Er will dadurch Arbeit und Kosten sparen. Die Genossenschaft hilft ihm in dreifacher Weise:
- Sie sorgt für den günstigen Einkauf von Samen, Dünger, Bohnenstangen, Heizöl, Glas und Schädlingsbekämpfungsmitteln.
- Sie hilft und berät beim Anbau des Gemüses, sie läßt die Böden untersuchen und ist für die Beregnungsanlage verantwortlich.
- Sie übernimmt den Verkauf der Waren und sorgt für Werbung, einheitliches Verpackungsmaterial und Qualitätskontrollen.

5 Sieh dir die Karte unten an und erläutere sie: Wo wird am meisten verkauft? Wie weit wird geliefert?

∞ **6** Wichtige Gemüseanbaugebiete liegen in der Nähe großer Städte, auch wenn dort nicht so günstige Anbaubedingungen herrschen wie auf der Insel Reichenau. Könnt ihr das erklären?

Das Dorf Kirrweiler bei Neustadt an der Weinstraße

Bei Weinbauern an der deutschen Weinstraße

Der Herbst ist die Zeit der Weinlese. Vollbeladen sind die Traubenfuhren, die der **Winzer** Muffang in sein Weingut fährt. „Jetzt wird sich zeigen, ob sich unsere Arbeit gelohnt hat. Ich glaube, daß diese Weinlese nicht schlechter wird als in den letzten Jahren. Hoffentlich wird auch dieser Jahrgang ein ‚guter Tropfen'."
Sofort nach der Weinlese beginnt Herr Muffang mit der Weinbereitung. Er verarbeitet die Trauben selbst. Mit einer besonderen Maschine werden die Trauben entstielt. Dann werden sie in der Traubenmühle zu Maische gemahlen. Die Maische besteht aus Saft, Kernen und Häuten. In der Kelter wird die Maische ausgepreßt. Dabei wird der Saft (Most) von den Kernen und Häuten getrennt. Diese Rückstände kommen als Düngemittel gleich wieder in die Weinberge zurück. Der Most gärt in den Fässern und wird zu Wein. Der Wein wird in Flaschen abgefüllt. Er kommt erst im Jahr nach der Lese zum Verkauf.

143

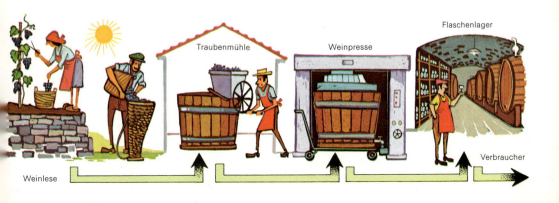

Arbeitskalender	Jan.	Febr.	März	April	Mai	Juni	Juli	Aug.	Sept.	Okt.	Nov.
Winterdüngung		▬									
Reben schneiden	▬▬▬	▬									
Drahtarbeiten			▬								
Reben biegen			▬▬▬	▬▬							
Boden bearbeiten					▬▬	▬▬▬	▬▬	▬▬			
Pflanzenschutz					▬▬	▬▬	▬▬				
Laubarbeiten							▬▬	▬▬▬	▬▬		
Traubenernte (Lese)									▬	▬▬	
Kellerarbeiten	▬▬▬	▬▬	▬▬	▬							

Die Arbeit des Winzers im Jahreslauf

Herr Muffang arbeitet täglich 10–12 Stunden in seinem Betrieb. Manchmal muß er 16–18 Stunden arbeiten:

- wenn die Rebstöcke geschnitten werden,
- wenn die überschüssigen Triebe entfernt werden,
- während der Weinlese.

Herr Muffang bewirtschaftet einen **Vollerwerbsbetrieb**: Das gesamte Einkommen der Winzerfamilie stammt aus der Landwirtschaft. Herr Muffang hat sich ganz auf den Weinbau **spezialisiert**. Er bewirtschaftet ein Weinbergsgelände von 5,5 ha. Das ist sehr viel! Die drei Kinder der Familie arbeiten kräftig mit. Während der Spitzenzeiten benötigt er noch zusätzliche Arbeitskräfte. Meistens helfen Verwandte aus.

1 Fertige eine Liste mit den Arbeiten des Winzers an.
Januar: Reben schneiden und Kellerarbeiten.
Februar: ...

2 Vergleiche die Weinbergsflächen des Winzers Muffang mit den Flächen anderer landwirtschaftlicher Betriebe, die du kennst. Siehe die Angaben auf den Seiten 134, 139 und 140.

☐ In den letzten Jahren erzeugte der Betrieb von Herrn Muffang zwischen 45 000 und 65 000 Liter Wein. Herr Muffang gehört zu den Winzern, die ihren Wein selbst verkaufen. **Vermarkten** nennt dies der Fachmann. Alle zwei Wochen fährt er zu Kunden im Umkreis von 300 km. Weitere Kunden wohnen in Hannover, Nürnberg, Stuttgart und München. Sie werden von ihm bis zu dreimal im Jahr beliefert.
Viele Nachbarn des Winzers Muffang machen es anders. Sie haben sich einer **Winzergenossenschaft** angeschlossen. Dieser Weg ist besonders günstig für Winzer, die den Weinbau im **Nebenerwerb** betreiben. Winzergenossenschaften übernehmen für ihre Mitglieder das Keltern, das Gären, das Abfüllen, die Werbung und den Verkauf.

Deutsche Weinbaugebiete	
	Rebfläche
Ahr (bei Ahrweiler)	480 ha
Baden (Kaiserstuhl usw.)	13 170 ha
Franken (am Main)	3 180 ha
Hess. Bergstraße (am Odenwald)	360 ha
Mittelrhein (bei Bacharach)	860 ha
Mosel/Saar/Ruwer	11 690 ha
Nahe (bei Bad Kreuznach)	4 270 ha
Rheingau (westlich Wiesbaden)	2 930 ha
Rheinhessen (bei Oppenheim)	20 050 ha
Rheinpfalz (bei Neustadt a.d.W.)	20 460 ha
Württemberg (bei Heilbronn)	7 600 ha

Schädlingsbekämpfung

Weinlese

Weinbau macht viel mehr Arbeit als die normale Landwirtschaft. Wir rechnen den Weinbau zu den **Sonderkulturen**. Dazu gehört auch der Anbau von Obst, Gemüse, Hopfen und Tabak. Mit Sonderkulturen kann man auf kleinen Flächen hohe Erträge erwirtschaften.

Die Weinrebe stellt hohe Ansprüche an das Klima. Deshalb findet man sie besonders in den wärmeren Nachbarländern: in Frankreich und Italien. In Deutschland wachsen die Weinreben vorwiegend im klimatisch begünstigten Südwesten.

In Deutschland ist die Oberrheinebene begünstigt. Sie liegt schon weit südlich. Und sie liegt tiefer als die Umgebung. Deshalb ist es hier wärmer, sonniger und auch trockener. Schon Ende März beginnen die Mandel-, Pfirsich- und Aprikosenbäume zu blühen. Es folgen die Kirsch- und Pflaumenbäume und schließlich die Birnbäume. Hier reifen Früchte, die man sonst nur in südlichen Ländern findet: Feigen, Edelkastanien und sogar Zitronen.

Mehr als die Hälfte der deutschen Rebfläche liegt in oder an der Oberrheinebene.

Jenseits der französichen Grenze schließt sich das elsässische Weinbaugebiet an.

3 Vergleiche die Temperaturen der drei Wetterstationen. Wodurch zeichnet sich das Gebiet der Weinstraße aus?

4 Ordne die deutschen Weinbaugebiete nach der Größe der Rebflächen:

Weinbaugebiet	Bundesland
1. Rheinpfalz	Rheinland-Pfalz
2. ?	?

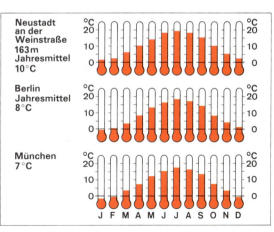

145

Apfelsinen aus Valencia

Bewässerter Apfelsinenbaum

Die Huerta von Valencia

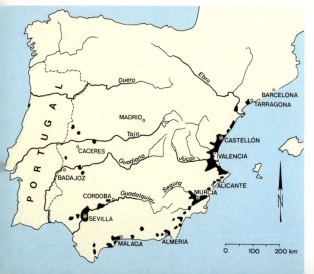

Was wäre der Winter ohne Apfelsinen? Wenn bei uns die Zeit der frischen Äpfel, Birnen oder Pflaumen vorbei ist, treffen die Apfelsinen ein. Die meisten kommen aus Spanien, und die meisten spanischen Apfelsinen kommen aus der Umgebung von Valencia. Dort gibt es eine breite Küstenebene, die im Westen von Gebirgen begrenzt wird.

Dieses geschützte, fruchtbare Gebiet eignet sich gut für die Landwirtschaft. Wenn es im Sommer nur nicht so trocken wäre! Deshalb haben die Menschen seit der Römerzeit das Wasser der Flüsse mit kunstvoll verzweigten Kanälen auf ihre Felder geleitet. Ein riesiges Obst- und Gemüseanbaugebiet ist geschaffen worden. Die Spanier nennen ein solches Gebiet **Huerta.** Das heißt Garten.

Als Obst werden in der Huerta von Valencia vor allem Apfelsinen und Mandarinen geerntet. Als Gemüse werden Zwiebeln, Frühkartoffeln, Artischocken, Kopfsalat, Melonen, Tomaten und Paprika angebaut. In den tiefgelegenen Teilen der Huerta, nahe am Mittelmeer, wächst sogar Reis.

1 Um Wasser aus den Flüssen ableiten zu können, baut man Staudämme und Wehre in die Flüsse. Von dort zweigen Bewässerungskanäle ab. Beschreibe anhand der Abbildung rechts oben den Weg des Wassers zu Feld B, Feld M und Feld T.
2 Beschreibe die Niederschläge in Valencia: Nenne Monate mit viel Regen und Monate mit wenig Regen. Wie verteilen sich dagegen die Niederschläge in Berlin?

◀ **Gebiete mit Apfelsinen- und Mandarinenanbau in Spanien**

Wasser ist in einem Bewässerungsgebiet knapp und kostbar. Es kann leicht Streit geben, wenn die Bauern in der Nähe des Staudamms zuviel Wasser nehmen und die Bauern am Ende des Kanals nicht mehr genug für ihre Pflanzen haben. Deshalb haben sich alle Bauern an einem Bewässerungskanal zu einer Bewässerungsgemeinschaft zusammengeschlossen. Sie haben sich geeinigt, wie man das Wasser möglichst gleichmäßig verteilen kann. Denn wer Land hat, muß auch Wasser haben, sonst nützt ihm das Land nichts.

Wasserwächter werden eingesetzt. Die passen auf, daß kein Wasser gestohlen oder verschwendet wird. Im Streitfall muß ein Wassergericht entscheiden. Das Wassergericht von Valencia ist eines der ältesten Gerichte der Welt. Es besteht heute noch. Jeden Donnerstag um 12 Uhr berät es vor der Kathedrale von Valencia.

Der Anbau von Apfelsinen und Mandarinen wird im Gebiet von Valencia stark ausgedehnt. Dafür wird weniger Reis und Gemüse angebaut, weil das zuviel Arbeit macht. Die Arbeitskräfte werden nämlich knapp, seit der Fremdenverkehr und die Industrie die Löhne in die Höhe getrieben haben.

Apfelsinen brauchen das ganze Jahr über Wärme. Deshalb wachsen bei uns keine Apfelsinen. Das nördlichste Anbaugebiet für Apfelsinen auf der Erde liegt bei Valencia. Es ist durch Frosteinbrüche gefährdet, die manchmal nicht nur die Ernte, sondern auch die Bäume vernichten. Frosteinbrüche sind in Valencia gefürchtet. Immerhin braucht ein Apfelsinenbaum fast 9 Jahre, bis er richtig trägt. Dann kann man von ihm 30 bis 40 Jahre lang ernten.

3 Erläutere die Abbildung rechts.
4 Suche im Atlas drei weitere Anbauländer für Apfelsinen und Mandarinen. (Apfelsinen und Mandarinen zählen zu den Zitrusfrüchten!)

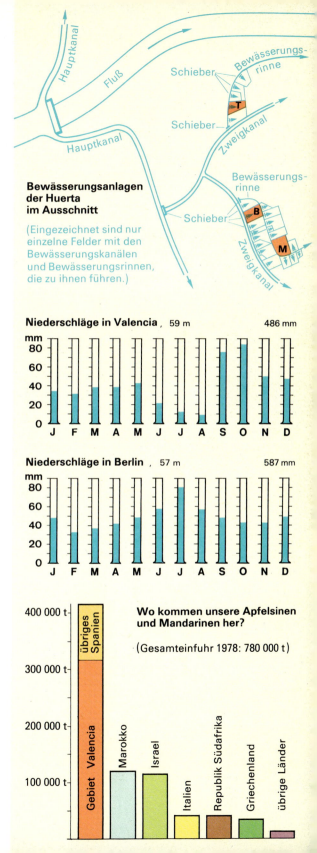

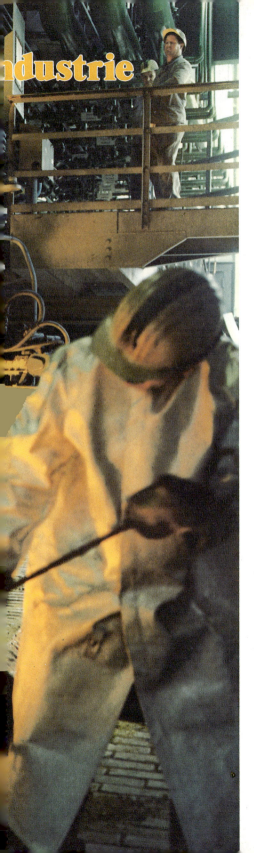

Industrie

150 Im Steinkohlenbergwerk

152 Braunkohlen-Tagebau in der Ville

154 Eisenerz aus Kiruna

158 Vom Eisenerz zum Stahl: Hüttenwerke im Ruhrgebiet

160 In einer Autofabrik

162 Erdöl — vom Bohrloch zum Verbraucher

166 Erdöl, ein wichtiger Rohstoff

> An ein Steinkohlenbergwerk werdet ihr wohl zuerst denken, wenn vom Bergbau die Rede ist. Bei uns wird viel Kohle gefördert. Aber es gibt noch andere Bodenschätze, die für uns wichtig sind, z. B. Eisenerz und Erdöl.
> Die meisten Bodenschätze kommen aus fernen Ländern. Bei uns werden sie verarbeitet. Die Bundesrepublik Deutschland ist ein wichtiger Industriestaat. Viele Menschen haben ihren Arbeitsplatz in Industriebetrieben.

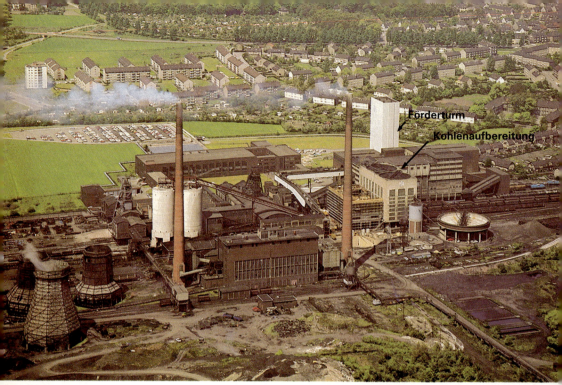

Ein Steinkohlenbergwerk, Übertage-Anlagen

Im Steinkohlenbergwerk

Fünfzehn Leute sind wir, Journalisten und Lehrer. Wir wollen eine Grubenfahrt im Bergwerk „Rheinland" bei Kamp-Lintfort machen. Zuerst sollen wir uns umziehen. Wieso umziehen? „Sie werden bald sehen, wozu die Bergmannskleidung gut ist!" sagt Herr Müller. Er wird uns führen.

Das Eisengitter des Förderkorbes fällt hinter uns zu. Es geht los. Langsam zuerst. Dann immer schneller. „Sechs Meter in der Sekunde", ruft Herr Müller. Unser Korb hält auf der 650-m-Sohle. Wir steigen aus und gehen los. Wir überqueren Geleise, stehen wieder an einem Schacht. Ein Förderkorb wartet, weiter geht die Fahrt in die Tiefe, nun bis zur 885-m-Sohle. „Dies ist ein Blindschacht, er reicht nicht bis zur Erdoberfläche."

Dann stehen wir an einem breiten Förderband. „Aufsteigen und auf den Bauch legen!" Herr Müller macht es uns vor. Das Band setzt sich in Bewegung. „Die Bergleute springen natürlich im Fahren auf. Nur für Besucher halten wir das Band an." Lange gleiten wir durch den Stollen. Vielleicht einen Kilometer oder mehr. Dann geht es zu Fuß weiter. Es ist warm hier unten. „28 Grad mögen es sein", meint Herr Müller. „Aber es wäre noch viel wärmer, wenn nicht Frischluft hereingeblasen würde."

Weit voraus ist Lärm zu hören. Eine Stunde sind wir nun schon unterwegs. „Wir sind am Ziel. Hier wird Kohle aus dem Flöz Anna abgebaut." Herr Müller schreit, so laut er kann. Trotzdem versteht ihn kaum jemand. Was für einen Lärm die Schräm-Maschine macht! Die Walze dreht sich und schneidet einen dicken Streifen Kohle aus der schwarzglänzenden Wand. Die Brocken poltern auf ein Förderband. Langsam frißt sich die Maschine an der Flözwand entlang und verschwindet im staubigen Dunkel.

Vor 400 Jahren

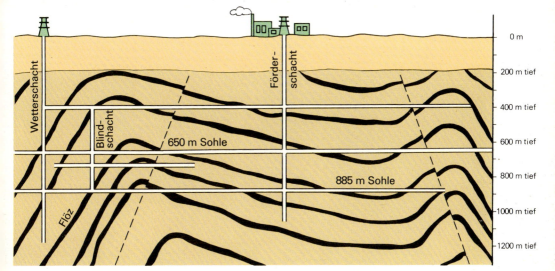

Schnitt durch ein Steinkohlenbergwerk

Eng ist es hier. Maschinen, Förderbänder, Kabel, Preßluftschläuche — wir stolpern ungeschickt durch dieses Gewirr. Nur gut, daß wir Schutzhelme tragen! Was mögen die Bergleute von uns denken? Sie rufen sich ein paar derbe Bemerkungen zu. Wir stören sie bei der Arbeit.
Eine Stunde später sind wir wieder über Tage. Schweißtriefende, schwarzverschmierte Gesichter. Das sind wir! „Da unten würde ich es nicht aushalten", sagt ein Mann neben mir. „Aber wie sähe unser Leben ohne Kohle aus?" fragt ein anderer. „Die Arbeit der Bergleute ist wichtig."

Das Bergwerk „Rheinland"

Jahresförderung 1978	4 900 000 t
Tagesförderung	20 600 t
Arbeiter unter Tage	5 433
Arbeiter über Tage	2 432
Angestellte	1 071
Leistung je Arbeiter unter Tage in einer Schicht (8 Std.)	4 200 kg
Abbaumaschinen (Schräm-Maschinen)	9
Größe des Grubenfeldes	158 km²
Hauptfördersohlen in 650 und 885 m Tiefe	

Schräm-Maschine

Kohle-Förderband im Stollen

Tagebau Fortuna-Garsdorf

Braunkohlen-Tagebau in der Ville

„Zwischen Aachen und Köln müssen Menschen ihre Heimatdörfer verlassen, weil das größte Erdloch Europas wandert." Das ist die Überschrift eines Zeitschriften-Artikels. Gemeint ist der Tagebau Fortuna-Garsdorf, 16 km² groß, 230 m tief. Vier Dörfer haben hier früher gestanden: Garsdorf, Frauweiler, Wiedenfeld und Giersberg. Sie wurden abgerissen. Neue Siedlungen wurden einige Kilometer weiter errichtet. Die Bewohner mußten umziehen.

Schaufelrad (Tagesleistung des Baggers 200 000 t)

Der Grund: Im Tagebau Fortuna-Garsdorf wird Braunkohle gefördert. Tief unten in der Grube graben Schaufelradbagger die Kohle aus dem mächtigen Flöz. Die größten Bagger schaffen 10 000 t in der Stunde. Damit könnten 300 Familien ein Jahr lang ihre Wohnungen heizen.
Sechs Schaufelradbagger arbeiten in der Grube. Bevor die Förderung beginnen kann, müssen die Erdschichten über dem Flöz abgeräumt werden: der Abraum. Lange Transportbänder nehmen Abraum und Kohle auf. Den größten Teil der Kohle verbraucht das Kraftwerk Niederaußem. Der Rest geht in die benachbarte Brikettfabrik. Den Abraum befördern die Transportbänder dorthin, wo die Kohle bereits abgebaut ist. Hier wird die Grube allmählich wieder zugeschüttet. Sie „wandert" tatsächlich.

1 Arbeite mit den beiden Bildern oben:
a) Beschreibe den Abbauvorgang und den Weg der Kohle. b) In welcher Richtung schreitet der Abbau voran?
2 Vergleiche die beiden Skizzen rechts. Benutze dabei folgende Begriffe: Flöz, Schacht, Abraum, Schaufelradbagger, Förderturm, Strecke.

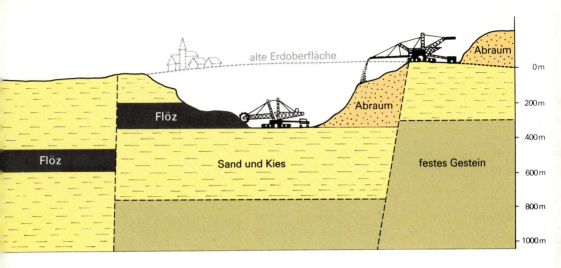

Braunkohle verwendet man ...		**Steinkohle** verwendet man ...
für Heizung im Haushalt		für Heizung im Haushalt
für Stromerzeugung im Kraftwerk		für Stromerzeugung im Kraftwerk
als Grundstoff in der Chemischen Industrie		als Grundstoff in der Chemischen Industrie
		zur Erzverhüttung im Hochofen (als Koks)

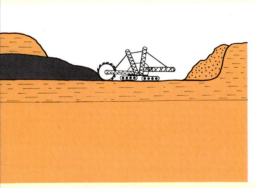
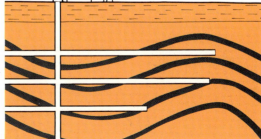

Im Tagebau werden gewonnen:
— Braunkohle in Deutschland
— Kupfererz in Chile
— Bauxit in Australien
— Zinnerz in Malaysia
— Eisenerz in Australien

Im Untertagebau werden gewonnen:
— Steinkohle in Deutschland
— Zinnerz in Bolivien
— Kalisalze in Deutschland
— Kupfererz in Peru
— Eisenerz in Schweden

Alter Tagebau — Erzberg Kirunavaara — Grubengebäude — Neue Abraumhalde — Abraumterrassen — Verwaltung

Eisenerz aus Kiruna

Kiruna – das ist nicht eine Stadt wie jede andere. Kiruna ist eine sehr junge Stadt: Wo heute 30 000 Menschen wohnen, da lebten um 1900 nur einige Lappen mit ihren Rentierherden. Kiruna liegt weit im Norden Schwedens, jenseits des Polarkreises. Auch heute gibt es in der Gegend noch Rentier-Hirten. Kiruna aber ist eine Bergbaustadt. Eisenerz wird gefördert. Der Erzberg heißt Kirunavaara, „Schneehuhnberg".

Stadtzentrum von Kiruna (August)

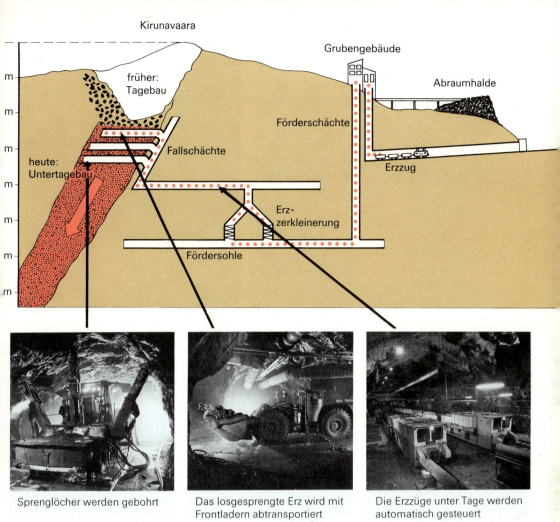

Sprenglöcher werden gebohrt

Das losgesprengte Erz wird mit Frontladern abtransportiert

Die Erzzüge unter Tage werden automatisch gesteuert

Wie eine große schräggestellte Scheibe steckt der Erzkörper im Gestein des Kirunavaara, 5 km lang, 90 m dick und mindestens 1800 m tief. Hier lagern etwa 1800 Mio. t bestes Eisenerz, so schätzt man. Ein Teil ist schon abgebaut. Bis 1963 arbeiteten die Bergleute im Tagebau. Dann wurde die Grube zu tief, zu viel Abraum mußte bewegt werden. Eine breite Kerbe ist vom Tagebau geblieben.

Heute ist das Bergwerk von Kiruna der größte Untertagebau der Erde. 400 km lang sind die Strecken unter Tage. Durch breite Tunnels fahren die Bergleute in Autobussen an ihre Arbeitsplätze. Immer tiefer geht der Abbau hinunter. 1985 wird man schon 775 m tief im Berg arbeiten.

Staub, Maschinenlärm und Dunkelheit erschweren die Arbeit der Bergleute – wie in jedem Bergwerk. Im kalten Norden Schwedens aber bietet der Untertagebau auch Vorteile: Frischluft, die ständig an die Arbeitsplätze geführt wird, kann im Winter erwärmt werden. Man arbeitet also das ganze Jahr über bei angenehmen Temperaturen.

1 Der Steinkohlenbergbau im Ruhrgebiet und der Eisenerzbergbau in Kiruna unterscheiden sich stark voneinander. Vergleicht.

Daß bei Kiruna Eisenerz lagert, wußte man seit langem. Aber gebraucht wurde es in Südschweden und in Mitteleuropa. Dorthin mußte man es transportieren. Und Menschen und Versorgungsgüter mußten in die nördliche Einöde gebracht werden.

Man brauchte eine Eisenbahnlinie. Doch der Bau war schwierig. Die Polarnacht dauert zwei Monate, und sechs Monate liegt die Schneedecke. Zwischen Kiruna und der norwegischen Küste waren große Höhenunterschiede zu überwinden. Und gerade der norwegische Hafen Narvik ist wichtig: Er besitzt tiefes Fahrwasser und ist auch im Winter eisfrei. Der warme Golfstrom begünstigt die Atlantikküste. Der schwedische Hafen Luleå ist dagegen von Januar bis Mai durch eine Eisdecke blockiert.

1884 wurden die ersten Schienen gelegt.

Die Erzbahn zwischen Kiruna und Narvik

Man begann am Hafen Luleå. Zeitweise waren 3 400 Arbeiter beschäftigt. Im Frühjahr 1888 konnte der erste Erzzug von Gällivare nach Luleå fahren. Der Weiterbau

Das Bergbaugebiet in Nordschweden

wurde immer schwieriger. 1899 erreichte die Strecke Kiruna, und 1903 schließlich war die gesamte Strecke Luleå – Narvik fertig.

Seit 1922 ziehen nur noch elektrische Lokomotiven die schweren Züge. Den Strom liefert das Kraftwerk Porjus. Heute fahren jeden Tag mehr als 30 Erzzüge nach Narvik. Dort können die größten Erzfrachter beladen werden, die es heute gibt. Sie haben bis 350 000 t Tragfähigkeit. Den Hafen Luleå laufen Schiffe bis 70 000 t Tragfähigkeit an.

Erzlieferungen aus Nordschweden 1978

Land	Einfuhrhäfen	Menge
Belgien	Antwerpen, Gent	7 Mio. t
Bundesrepublik Deutschland	Rotterdam, Emden	6 Mio. t
Polen	Danzig	3 Mio. t
Großbritannien	Middlesborough	2 Mio. t
Niederlande	Rotterdam, IJmuiden	1 Mio. t
Schweden	—	1 Mio. t

2 Eisenerz aus Nordschweden wird in vielen Industriegebieten Europas verarbeitet, auch im Ruhrgebiet. Wie gelangt das Erz von Kiruna dorthin? Versuche, den Weg zu finden. Er führt über Rotterdam oder Emden. Benutze den Atlas.

3 Bearbeite die Eisenerzkarte unten. Schreibe auf:
a) 4 Länder, die viel Eisenerz ausführen,
b) 3 Länder, die viel Eisenerz einführen,
c) 6 Länder, die Europa mit Eisenerz versorgen,
d) Länder, in die Brasilien Eisenerz ausführt.

157

Eisenerz: Abbau und Ausfuhr

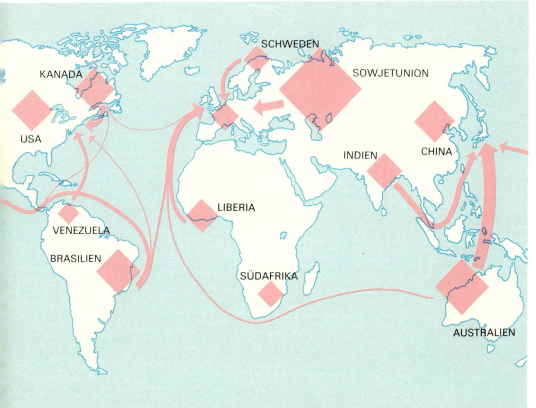

Hochofen in Duisburg

Im Stahlwerk: Füllen eines Konverters

Vom Eisenerz zum Stahl: Hüttenwerke im Ruhrgebiet

Fertig zum Hochofenabstich! Alle fünf Stunden ist es so weit. Im Hochofen hat sich genügend flüssiges Eisen angesammelt. Die Arbeiter ziehen feuerfeste Mäntel an. Sie setzen Schutzhelme auf. Brillen schützen die Augen vor Hitze und Funken.

Das Abstichloch im Hochofen wird aufgebohrt. Eine glühende Flüssigkeit strömt heraus: Eisen! Funken sprühen, Dampf steigt auf. Das Eisen soll in einer Rinne aus Sand abfließen. Die Männer benutzen Schaufeln an langen Stangen. Sie sorgen dafür, daß keine Schlacke das Eisen verunreinigt. Eisen und Schlacke fließen in verschiedene Kübel, die auf Eisenbahnwagen stehen und abtransportiert werden. Nur wenige Minuten dauert der Abstich. Dann schwenkt eine Maschine vor das Loch und verschließt es mit einem Pfropfen.

Es gibt gute Filme über Hochofen und

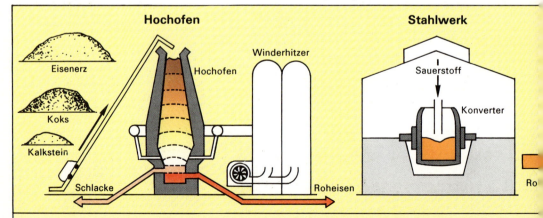

Eisenerz, Koks und Kalkstein werden in den Hochofen gefüllt. Der Koks verbrennt. Heiße Luft aus den Winderhitzern erhöht die Temperatur. Das Erz schmilzt. Ganz unten ist das flüssige Roheisen. Darauf schwimmt die Schlacke.

Im Konverter wird das flüssige Roheisen „gekocht": Sauerstoff wird hineingeblasen. Verunreinigungen verbrennen dabei, vor allem der Kohlenstoff. Es entsteht Stahl. Er wird zu Blöcken gegossen.

Im Walzwerk: eine „Walzenstraße"

Hochofenabstich. Vielleicht könnt ihr einen davon im Unterricht ansehen.

1 Warum sind das Ruhrgebiet, das Saargebiet und Lothringen günstige Standorte für Hüttenwerke? Benutze die Karte.

2 Europa hat zu wenig Eisenerz. Riesige Mengen Eisenerz werden mit Seeschiffen nach Europa gebracht. Der Transport mit großen Seeschiffen ist ziemlich billig. Deshalb sind auch Seehäfen günstige Standorte für Hüttenwerke: z. B. Bremen und IJmuiden. Suche ein oder zwei weitere Beispiele im Atlas.

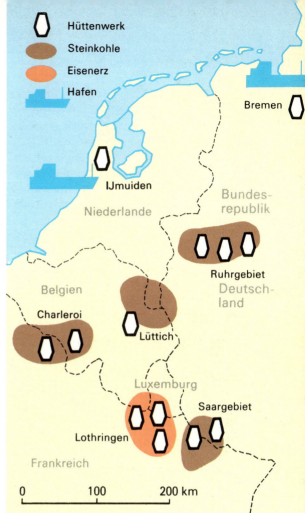

Walzwerk

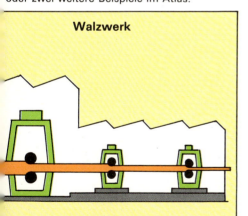

tglühende oder kalte Stahlblöcke werden gelzt. Auf Rollen laufen die Blöcke zwischen alzen hindurch, die sie zusammenpressen. mer flacher wird das Stück Stahl und immer ger.

Erzeugnisse

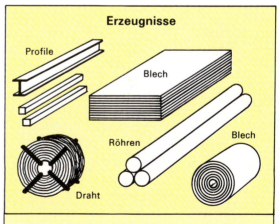

Diese Erzeugnisse werden in anderen Fabriken weiterverarbeitet: bei der Herstellung von Autos, Schiffen, Lokomotiven, Eisenbahnwagen, Werkzeugen, Flugzeugen, Maschinen, Brücken, Spielzeug usw.

In einer Autofabrik

Viele Menschen arbeiten in Autofabriken. Allein 18 000 sind es im Opelwerk Bochum, 65 000 in allen Opelfabriken zusammen. Jeden Tag verlassen 4 000 Opel-Fahrzeuge die Werke.

Viele Autoteile werden in anderen Fabriken hergestellt, z. B. Reifen, Lampen, Scheiben, Batterien, Bremsen. Man spricht von Zulieferbetrieben. Auch ihre Beschäftigten tragen zur Autoherstellung bei. Jeder siebte Erwerbstätige in der Bundesrepublik Deutschland arbeitet in einer Autofabrik oder in einem Zulieferbetrieb. So wichtig ist die Autoindustrie.

Die Karosserie, der Motor, das Getriebe und das Fahrwerk werden in der Autofabrik selber hergestellt. Am Fließband werden alle Teile zusammengebaut. Jeder Arbeiter führt ganz bestimmte Teilarbeiten aus. So dauert es nur eineinhalb Stunden, bis ein Auto fertig ist.

1 Die Fotos A–D zeigen einzelne Stationen der Autoherstellung. Zu welchen Zeichnungen gehören sie?
2 Berichte: „Wie ein Auto entsteht". Benutze die Zeichnung unten und den Text.

A

B

① Schwere Pressen formen aus Stahlblech Karosserieteile

② Aus Einzelteilen wird die Kaross. zusammengeschweißt

⑤ Motor, Getriebe und Achsen werden montiert

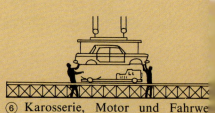
⑥ Karosserie, Motor und Fahrwe werden zusammengebaut

Opel-Werk in Bochum-Laer

C

D

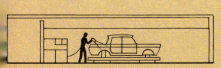
③ Die Karosserie erhält mehrere Lackschichten

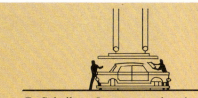
④ Scheiben, Lampen und andere Teile werden eingebaut

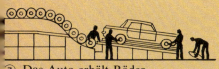
⑦ Das Auto erhält Räder

⑧ Das fertige Auto wird überprüft

Erdöl — vom Bohrloch zum Verbraucher

Bohrinsel SEDCO 703 in der Nordsee

162

Bohrarbeiter bei der Arbeit

Ingenieure im Kontrollraum

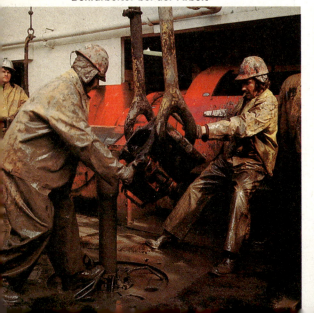

Seit 80 Tagen liegt die Bohrinsel SEDCO 703 draußen in der Nordsee. 3 600 m tief reicht die Bohrung bereits hinab in die Erdschichten unter dem Meer. Tag und Nacht dreht sich die schwere Bohrstange. Der Bohrmeißel frißt sich immer tiefer ins Gestein hinein. Noch etwa zehn Tage! Dann wird man wissen, ob die Bohrung Erfolg hat und hier Öl gefördert werden kann. Bald wird die SEDCO 703 an eine andere Stelle geschleppt werden; eine neue Bohrung beginnt.

73 Männer leben und arbeiten auf der Bohrinsel: die Bohrarbeiter, mehrere Taucher, Elektriker, Maschinisten, Bedienungspersonal. Es ist ein hartes Leben: Zwei Wochen lang arbeiten sie täglich 12 Stunden. Dann haben sie zwei Wochen frei. Ein Hubschrauber bringt sie an Land zu ihren Familien. Auch Post und Zeitungen kommen mit dem Hubschrauber, dreimal in der Woche.

1 Nach Erdöl wird in vielen Teilen der Welt gebohrt. Was könnt ihr über die unterschiedlichen Lebens- und Arbeitsbedingungen sagen? Benutzt die Fotos und den Text.

2 Zwei Länder haben besonders große Anteile am Nordsee-Öl. Welche sind es? Benutze die Karte.

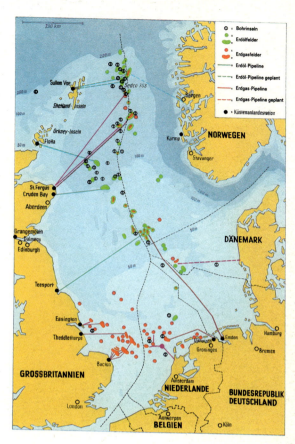

Bohrturm in der arabischen Wüste

Bohrturm am Großen Bärensee in Nordkanada

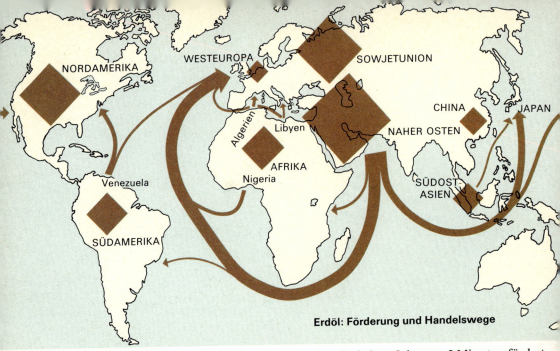

Erdöl: Förderung und Handelswege

Öl wird leider nur selten da gefunden, wo man es braucht.
In der Bundesrepublik Deutschland werden in jedem Jahr nur 5 Mio. t gefördert, aber über 100 Mio. t gebraucht! Wir müssen eine riesige Menge Erdöl einführen.

3 Bearbeite die Karte oben. Notiere:
a) drei Gebiete, die viel Erdöl fördern,
b) drei Gebiete, die viel Erdöl einführen,
c) Gebiete, die besonders viel Erdöl aus dem Nahen Osten einführen.

4 Heizöl, mit dem in Frankfurt die Wohnungen geheizt werden, hat einen langen Weg zurückgelegt. Beschreibe den Weg und benutze dazu die Skizze.

∞ **5** Sprecht über die Bedeutung Rotterdams für die Ölversorgung (Karte rechts).

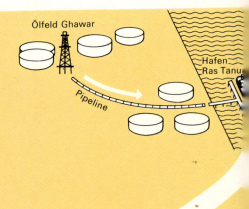

Die wichtigsten Erdöl-Lieferanten der Bundesrepublik Deutschland

Saudi-Arabien (Naher Osten)
Libyen (Nordafrika)
Iran (Naher Osten)
Großbritannien
Nigeria (Westafrika)
Algerien (Nordafrika)
Arabische Emirate (Naher Osten)
Norwegen
Sowjetunion
Irak (Naher Osten)

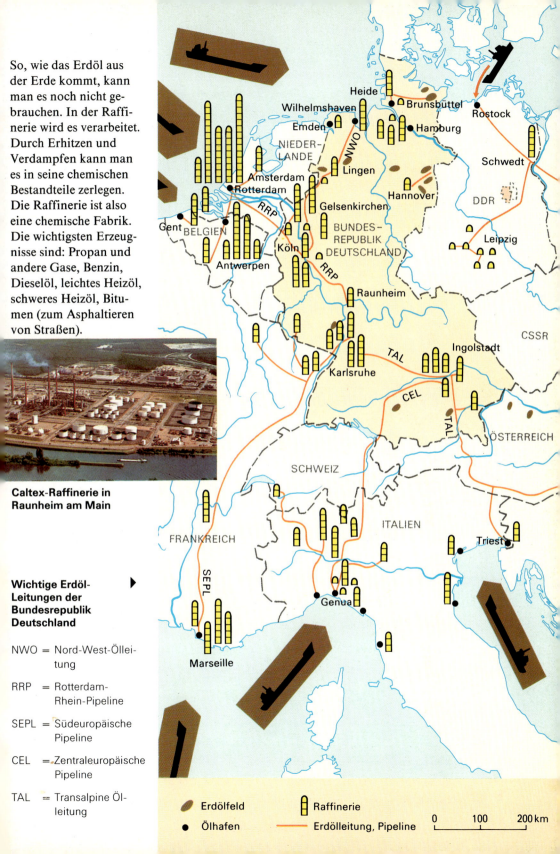

Chemiewerk: Anlagen zur Verarbeitung von Erdöl

Chemische Industrie in der Bundesrepublik Deutschland

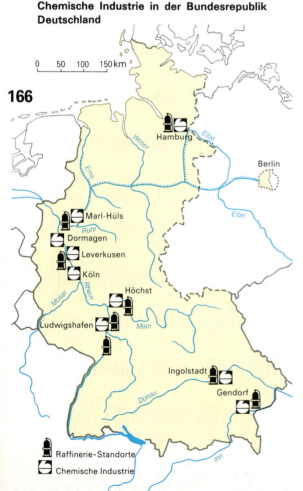

Erdöl, ein wichtiger Rohstoff

Immer mehr Erdöl wird gebraucht. Wir haben uns daran gewöhnt. Schließlich gibt es auch immer mehr Autos. Und die Treibstoffe Benzin und Dieselöl stellt man aus Erdöl her. Das wissen wir. Auch zum Heizen wird ein Erdölprodukt verwendet: das Heizöl. Über die Hälfte aller Haushalte in der Bundesrepublik Deutschland besitzt eine Ölheizung. Und viele Kraftwerke, die uns Strom liefern, heizen ihre Dampfkessel ebenfalls mit Öl. Erdöl und Erdgas liefern heute über die Hälfte aller auf der Welt benötigten **Energie**.

Aber Erdöl ist auch ein wichtiger **Rohstoff**. Die Chemische Industrie verarbeitet Erdöl und die in den Raffinerien gewonnenen Erdölprodukte. Man spricht auch von „Petrochemie", abgeleitet von „Petroleum". Die Erzeugnisse der Chemischen Industrie werden überall benötigt: in der Autoindustrie, im Baugewerbe, in der Landwirtschaft, im Haushalt, in der Textilindustrie.

1 Die Chemische Industrie benötigt Erdölprodukte aus den Raffinerien und viel Wasser für ihre Produktion. Überprüfe die Standorte der Chemiewerke auf der Karte links.

Kinderzimmer mit ...

... und ohne Kunststoff

Früher hat es eine Steinzeit, eine Bronzezeit, eine Eisenzeit gegeben. Die wichtigsten Werkzeuge und Gebrauchsgegenstände wurden zuerst aus Stein, dann aus Bronze und schließlich aus Eisen hergestellt. Unsere heutige Zeit könnte man „Kunststoffzeit" nennen. Tatsächlich sind Gegenstände aus Kunststoff für uns sehr wichtig geworden. Auch sie werden aus dem Rohstoff Erdöl hergestellt.

Notiere Kunststoff-Gegenstände
in der Küche: ...
im Kinderzimmer: ...
für Sport und Freizeit: ...

167

② Der Junge auf den Fotos kann froh sein, daß es Kunststoffe gibt. Nenne 15 Dinge, die er sonst nicht hätte.

③ Prüfe bei euch zu Hause, welche Gegenstände aus Kunststoff häufig benutzt werden.

Die „Ölkrise" der letzten Jahre hat deutlich gezeigt, wie wichtig Erdöl als Rohstoff für uns ist. Aber Erdöl und Erdgas sind nicht unerschöpflich. In wenigen Jahrzehnten werden die Vorkommen aufgebraucht sein. Wir müssen uns umstellen!

∞ ④ Sprecht über den Satz „Erdöl ist zum Verbrennen zu schade!" Benutzt die Zeichnung unten und den Text auf der linken Seite.

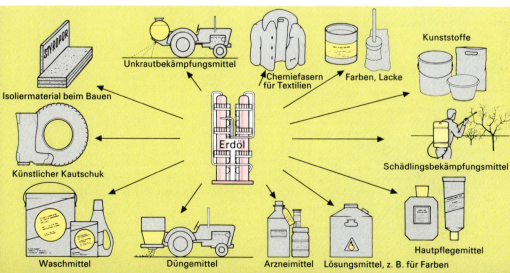

Berlin, Märkisches Viertel

Lübeln bei Lüchow

Goslar, Altstadt

Stadt und Land

170 Wie unsere Städte entstanden sind

172 Städte und Dörfer wachsen

174 Zwei Wohnviertel

176 Ein Puzzle

178 Mit dem Stadtplan in Hamburg

180 Verkehr zwischen Stadt und Land

182 Stebbach war einmal ein Bauerndorf

„Ich lebe gern in der Stadt!" — „Nein, ich nicht, ich möchte lieber auf dem Lande wohnen!" ...
Da unterhalten sich zwei Freunde über das Leben in Stadt und Land, und sie merken nicht, daß sie ganz verschiedene Vorstellungen haben. Die Wörter „Stadt" und „Land" sind ungenau.

Es ist ein großer Unterschied, ob du
— in einer Kleinstadt wohnst oder in einer Großstadt,
— in der Innenstadt oder in einem neuen Wohnviertel am Stadtrand,
— in einem kleinen Bauerndorf oder in einem Pendlerwohnort, der schon städtische Merkmale besitzt,
— ob die Schulen und Geschäfte 5 Minuten oder 50 Minuten entfernt sind.
Solche Unterschiede sind für unser Leben wichtig. In den folgenden Kapiteln könnt ihr euch damit befassen. Vergeßt nicht, immer wieder das eigene Dorf, die eigene Stadt einzubeziehen.

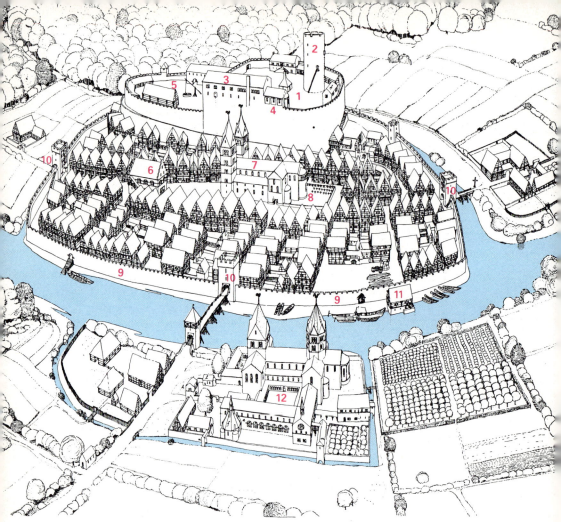

Eine deutsche Stadt um 1250

Wie unsere Städte entstanden sind

Die Zahlen im ersten Bild bedeuten:
1. Burg (auf einem hohen Felsen errichtet)
2. Bergfried (Wachturm, Speicher, Gefängnis)
3. Hauptgebäude der Burg (Wohnung des Burgherrn, großer Saal im Obergeschoß)
4. Burgkapelle
5. Vorburg
6. Rathaus
7. Kirche
8. Kirchhof
9. Stadtmauer
10. Torturm (mit Zugbrücke)
11. Wassermühle
12. Kloster (mit Klosterkirche und großem Obstgarten)

In Deutschland gibt es viele Städte, die etwa 700 oder 800 Jahre alt sind. Sie stammen also aus dem Mittelalter. Wie die Städte damals ausgesehen haben, zeigen die beiden Bilder.

∞ **1** Beginnt mit dem ersten Bild. Da gibt es viel zu entdecken und zu fragen.

2 Nun kannst du auch bei dem zweiten Bild herausfinden, was die Zahlen bedeuten. Schreibe eine Liste auf.

∞ **3** Man sagt: Je jünger die Stadt, desto regelmäßiger der Grundriß. Überprüft diese Regel an den beiden Bildern.

Ihr merkt schon, wie wichtig die **Burgen** für unsere Städte sind. Vor etwa 1000 Jahren wurden in Deutschland viele Burgen gebaut. **Burgherren** waren Könige, Herzöge, Grafen, Bischöfe und andere adelige Herren. Sie suchten für ihre Burgen besonders günstige Stellen aus.

Schutzlage: Die beste Lage für eine Burg ist sicher die Lage auf einem Berg. Eine solche Burg läßt sich leicht gegen die Feinde verteidigen. Wo es keine Berge gab, wählte man eine besonders tiefe Stelle, z. B. an einem Fluß. Breite Gräben, voll mit Wasser, schützten die Burg. „Höhenburgen" und „Wasserburgen" sind also zu unterscheiden.

Verkehrslage: Die gute Schutzlage allein genügte nicht. Kluge Burgherren achteten auch auf eine gute Verkehrslage. Sie wollten den großen Verkehrswegen nahe sein. Sie wollten Land- und Wasserwege kontrollieren. Sie wollten Furten und Brücken überwachen. Von den Fernhändlern, die mit vollbepackten Wagen unterwegs waren, wollten sie Zoll erheben.

Neben der Burg siedelten sich einige **Kaufleute und Handwerker** an. Sie wollten im Schutz der Burg leben. Auch Fernhändler unterbrachen ihre Fahrten, um hier zu übernachten oder zu überwintern und um ihre Waren anzubieten.

Dem Burgherrn gefiel die Anwesenheit dieser Leute. Sie waren für ihn eine gute Geldquelle. Er erlaubte ihnen z. B. den Bau von Häusern und ließ sich für die Grundstücke in jedem Jahr eine Geldsumme zahlen.

Als Gegenleistung bot er ihnen Schutz. Er tat das, was auch andere Burgherren in jener Zeit taten: Er baute die Siedlung zu einer richtigen **Stadt** aus. Er ließ eine Stadtmauer errichten. Und er lud weitere Kaufleute und Handwerker ein, sich hier niederzulassen. Die Burgherren sind die Gründer unserer mittelalterlichen Städte!

4 Viele Städte tragen die Burg in ihrem Namen, z. B. Hamburg. Nenne zehn Beispiele.
∞ **5** Hat auch eure Stadt Überreste aus dem Mittelalter? Laßt euch berichten.

Die Stadt Büdingen kurz nach der Gründung um 1300. Die Burg wurde um 1150 gebaut.

6 Sind die Burgen auf den beiden Bildern „Höhenburgen" oder „Wasserburgen"?

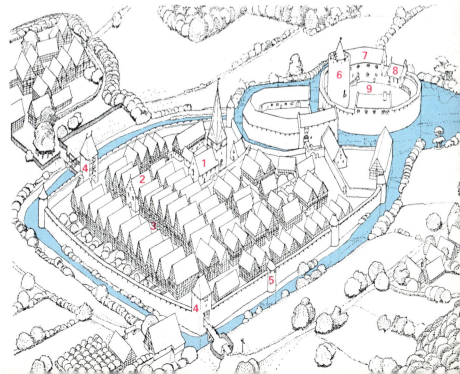

Der Raum Lüneburg auf der Topographischen Karte 1 : 50 000 heute

172 Städte und Dörfer wachsen

Mittelalter 400 – 1500
1120 – 1350   Gründung der meisten Städte

Neuzeit 1500 – heute
1835 – 1870   Bau vieler Eisenbahnen; das Industriezeitalter beginnt
1870 – 1914   Stadterweiterungen (stärkstes Wachstum um 1900)
1918 – heute Neue Stadtviertel (stärkstes Wachstum um 1965)

1835 fuhr die erste Eisenbahn Deutschlands: 6 km weit von Nürnberg nach Fürth. Aber schon 1870 waren die deutschen Bahnstrecken 20 000 km lang. Nun konnte man große Gütermengen transportieren. Das Industriezeitalter begann. An den Rändern der Städte wurden Fabriken und Wohnhäuser gebaut. Millionen arbeitsuchender Menschen strömten in die Städte.

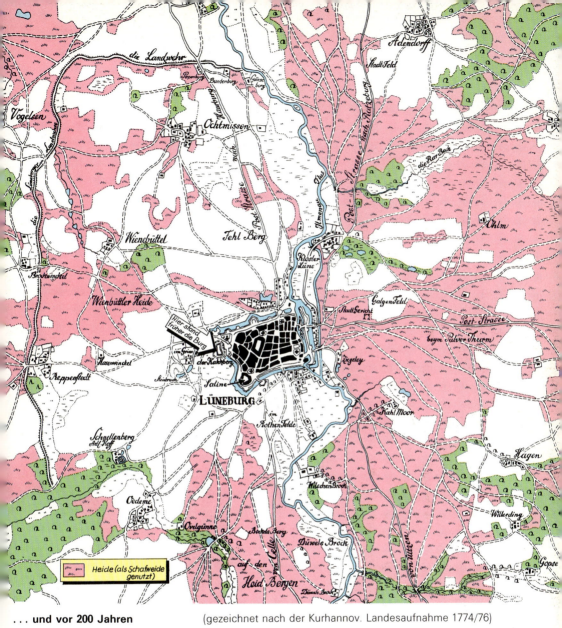

... und vor 200 Jahren (gezeichnet nach der Kurhannov. Landesaufnahme 1774/76)

1 Seht, was sich in den 200 Jahren alles verändert hat! Vergleicht die Karten.

2 Viele Namen wurden damals anders geschrieben als heute, z. B.: Kahl Moor — Kaltenmoor. Sucht fünf weitere Beispiele.

3 Auch die Dörfer haben sich verändert. Welche besonders stark? Beschreibe.

4 Ein Lückentext:
In der Mitte der Stadt liegt die Altstadt. Sie stammt aus dem ... Jahrhundertelang blieb die Stadt so klein.
Dann aber, im ...zeitalter, begann die Stadt plötzlich zu wachsen. ... und Wohnhäuser wurden gebaut.
Ganz außen liegen die ...; Kreideberg z. B. entstand um 1965, Kaltenmoor um 1970.

Gibt es auch für eure Gegend eine so schöne alte Karte?

Wohnviertel Kreideberg
Die meisten Häuser stammen aus der Zeit 1960—1975.
70 ha bebaute Fläche.
Wohnblocks, Hochhäuser, einfach Einfamilienhäuser.
Die Grundstücke der Einfamilienhäuser sind etwa 600 m² groß.
7000 Einwohner, darunter Lehrer und andere Beamte, Angestellte, Handwerker und Facharbeiter, Kaufleute, Ingenieure usw.
Wohndichte: 100 Einwohner/ha.

174

Busverbindung zur Innenstadt alle 20 Minuten

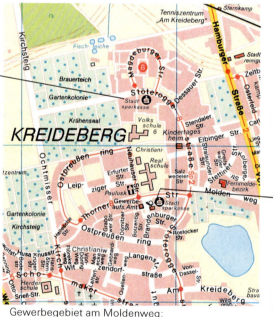

Kleines Ladenzentrum
Gaststätte
Lebensmittelgeschäft
Baubüro
Damenfriseur
Wäscherei-Annahme
Backwarengeschäft
Sparkassenfiliale
Rechnungsstelle für Ärzte und Zahnärzte

Lebensmittelgeschäft
Gaststätte
Gymnasium
Turnhallen und Sportplätze für Schulen und Vereine
Kinderspielplätze
Unfallarzt-Praxis
Vermessungsbüro
Tierhandlung
Damenfriseur
Gaststätte

2 Arzt-Praxen
Tagesstätte für behinderte Kinder
Kindertagesstätte
Grund- und Hauptschule mit Musikschule
Realschule
Kirche

Ladenzentrum
Papierwarengeschäft
Lebensmittelgeschäft
Sparkassenfiliale
Damenfriseur
Drogerie
Gaststätte
Zahnarzt-Praxis
Architektenbüro und Hausverwaltung
Wäscherei-Annahme
Bäckerei
Poststelle
Apotheke
Fleischwarengeschäft
Blumengeschäft
Gewerbeaufsichtsamt
Lebensmittelgeschäft

Gewerbegebiet am Moldenweg:
Fuhrunternehmen
Lampengroßhandel
Praxis eines Facharztes für innere Krankheiten
Bauklempnerei
Getränkegroßhandel
Heizungsbau
Tischlerei
Eisenwarengeschäft

Die beiden Karten sind Ausschnitte aus dem Stadtplan Lüneburg 1 : 20 000

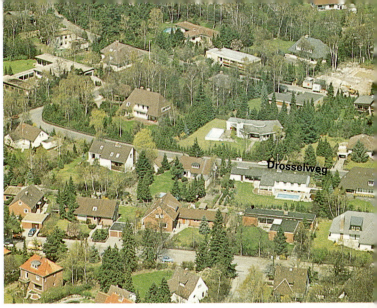

ohnviertel

ohnviertel Wilschenbruch
e meisten Häuser stammen aus
r Zeit 1960—1975.
ha bebaute Fläche.
familienhäuser, zum Teil sehr
oß und komfortabel („Villen").
e meisten Grundstücke sind über
00 m² groß.
0 Einwohner, darunter Ärzte, Apo-
eker, Kaufleute, Architekten, Inge-
eure, Fabrikanten, Handwerksmei-
r, hohe Beamte, Lehrer usw.
ohndichte: 20 Einwohner/ha.

Kreideberg und Wilschenbruch sind Wohnviertel der Stadt Lüneburg. Ihr findet sie auch
auf der Karte Seite 172.

1 „Uns gefällt das Wohnen auf dem Kreideberg!" sagt Familie Kruse. „Uns gefällt das
Wohnen in Wilschenbruch!" sagt Familie Winter. Bildet Gruppen: Familie Kruse aus der
Thorner Straße und Familie Winter aus dem
Drosselweg. Jede Familie soll aufschreiben,
was ihr so gut gefällt.

2 Bei den beiden Karten sind viele Geschäfte
und andere Einrichtungen genannt. Suche 20
heraus, die für die **Versorgung** der Menschen
in dem Viertel wichtig sind. Dazu gehören
auch die Schulen! Suche 10 weitere Einrichtungen, die nicht der Versorgung des Viertels
dienen und genausogut woanders liegen
könnten.

3 Woran mag es liegen, daß Wilschenbruch
keine Versorgungseinrichtungen hat? Vor einigen Jahren gab es wenigstens noch eine
Gaststätte und einen kleinen Lebensmittella-
den.

4 Können sich die Bewohner in der Umgebung ihrer Wohnungen gut **erholen**? Denkt an
den Lärm der Busse und Bahnen, an die Erholung im eigenen Garten, an das Spielen und
Spazierengehen. Die Gartenkolonien dürfen
von Spaziergängern betreten werden. Nur eine der Bahnstrecken wird viel befahren (bei
Schnepfenwinkel).

4 Ingenieurbüros
Architektenbüro
Büro eines Teppichkaufmanns
Kinderheim
Sportplätze

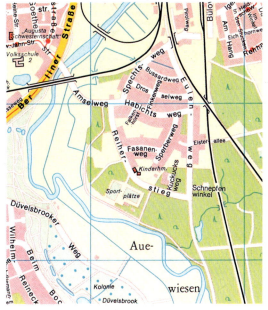

5 Versucht nun, den beiden Wohnvier-
teln „Zensuren" zu geben:
a) für den Erholungswert und
b) für die Ausstattung mit Versorgungseinrichtungen.

Ein Puzzle

Das Puzzle soll mit der Altstadt beginnen. Wir schieben sie nahe an den Fluß, denn die meisten alten Städte liegen an Flüssen. – Es folgt der alte Befestigungsring, der nun als Ringstraße oder als Grüngürtel dient.

Wohin mit der Eisenbahn? So nahe wie möglich an die Altstadt. Vom Bahnhof sind es nur wenige Schritte dorthin. – Anschließend die Viertel, die um 1900 hinzugekommen sind: die Mischviertel auf die eine Seite, das Villenviertel auf die andere Seite, schön am Wald. Daneben der Park.

Ganz nach außen die neuen Viertel! Industrie und Wohnen sind getrennt. Man sieht: Die Stadtplaner haben aus den Mängeln der Mischviertel gelernt.

1 Zu welchen Stadtvierteln unserer Puzzle-Stadt gehören die vier Fotos?

2 Schokoladenfabrik, Textilfabrik, Kirche, Apotheke, Lebensmittelgeschäft, Theater, Musikgeschäft, Schlachthof, Zahnarzt, Modegeschäft. Rechtsanwalt

Welche dieser Einrichtungen gibt es wahrscheinlich nur in der City? Welche kommen auch in einem Ladenzentrum vor? Welche liegen in einem Industriegebiet?

3 Ein Lückentext:
Wo man einen Plattenspieler kaufen kann? Nicht in einem . . ., wohl aber in der . . . Dort lohnen sich die besonderen Geschäfte. Dorthin fahren die Menschen aus allen Teilen der . . . und aus den . . . der Umgebung, wenn sie etwas . . . kaufen wollen.

∞ **4** Vergleicht die beiden Industriegebiete.

5 In welchen Stadtvierteln gibt es besonders viele Arbeitsplätze? (Ihr dürft nicht nur an die Industriearbeit denken!)

6 Wo können sich die Einwohner der Puzzle-Stadt erholen?

∞ **7** Und an welchen Stellen ähnelt eure eigene Stadt nun der Puzzle-Stadt?

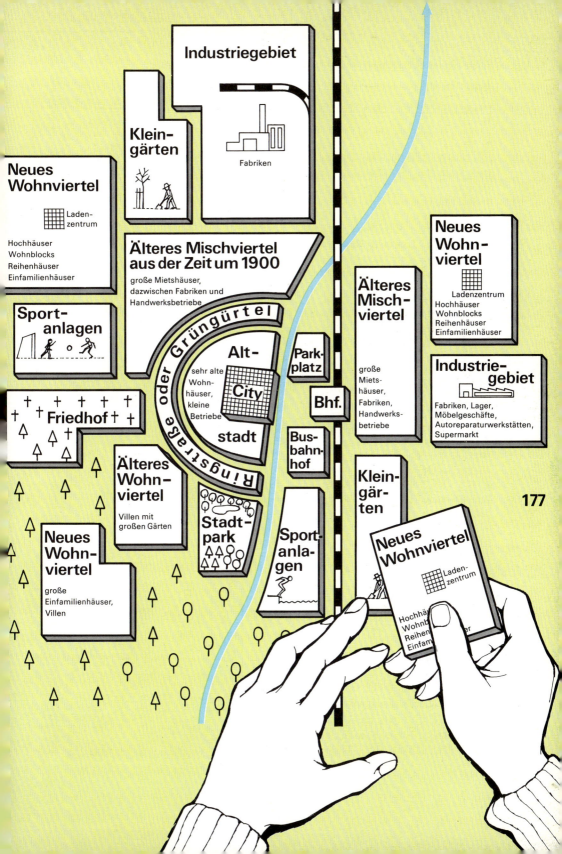

Mit dem Stadtplan in Hamburg

1 Ob wir uns in der großen Stadt zurechtfinden können? Wir benutzen einen **Stadtplan**. Der Stadtplan ist in Felder eingeteilt. Der Hauptbahnhof z. B. liegt im Feld D 6. In welchen Feldern liegen das Rathaus, der Großmarkt, die U-Bahn-Station Hallerstraße, der Fußballplatz des FC St. Pauli?

2 Für unsere **Touren in Hamburg** wollen wir U-Bahnen, S-Bahnen und Alsterschiffe benutzen. Alle Touren beginnen am Hauptbahnhof. Unsere Ziele sind:
der Fernsehturm (271,5 m hoch, Aussichtsplattform in 124 m Höhe),
die Michaeliskirche (mit herrlichem Ausblick auf den Hafen),
die Abfahrtsstelle der Hafenrundfahrt,
das Museum für Hamburgische Geschichte,
das Uhlenhorster Fährhaus an der Außenalster.
Schreibe auf: Fünf Touren in Hamburg.
Zum Fernsehturm: mit der S-Bahn zum Bahnhof Dammtor, dann zu Fuß durch den Park „Planten un Blomen".
Zur Michaeliskirche: . . .

3 Die **Burg** von Hamburg sucht ihr vergeblich. Sie hat südöstlich der Petrikirche gelegen. Um so besser hebt sich die **Altstadt** ab. Ihr seht den großen Halbkreis des Befestigungsringes zwischen Außenalster und Elbe. Woran kann man die ehemaligen Befestigungsanlagen erkennen?

4 Eine Aufgabe für „Techniker": Binnen- und Außenalster sind ein Stausee. Der Fluß Alster wurde aufgestaut. Welche Straße bildet den Staudamm?

Unser Stadtplan zeigt nur einen kleinen Teil der heutigen Stadt. Die U- und S-Bahnen reichen noch 20 km weiter. Nicht einmal Hagenbecks Tierpark ist erfaßt, nicht der neue Elbtunnel, nicht der Flughafen. Wenn ihr größere Karten haben wollt, könnt ihr euch an die „Tourist Information" wenden. (Findet ihr sie?)

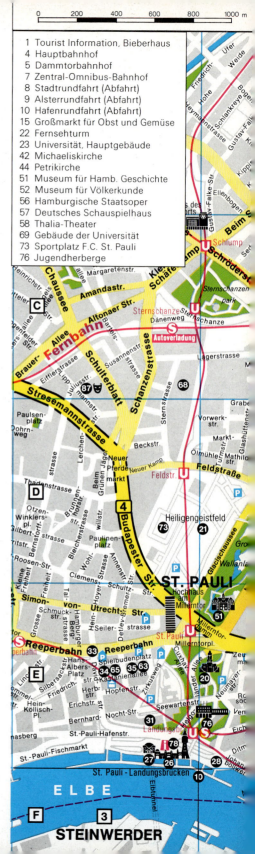

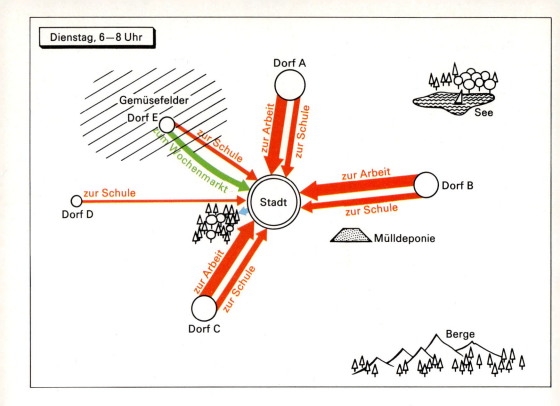

180 Verkehr zwischen Stadt und Land

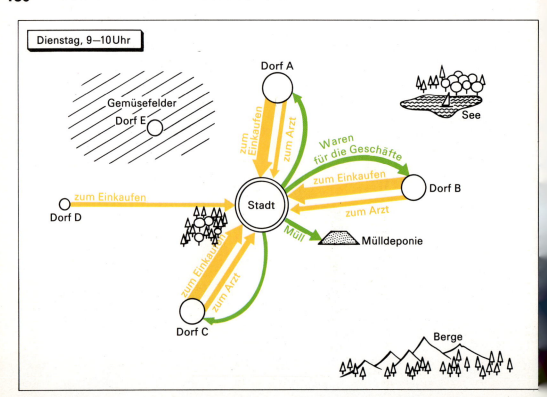

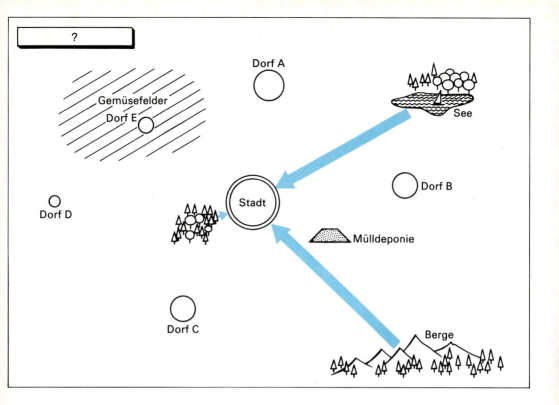

Was bedeuten die vier Farben?
ROT Dorfbewohner, die jeden Tag in die Stadt fahren, um dort in Fabriken, Geschäften und Büros zu arbeiten. Sie „pendeln" zwischen Dorf und Stadt hin und her und werden deshalb **Pendler** genannt.
ROT Schüler, die jeden Tag in die Stadt fahren, um dort das Gymnasium oder andere weiterführende Schulen zu besuchen.
GELB Dorfbewohner, die zum Einkaufen in die Stadt fahren, natürlich in die City.
GELB Dorfbewohner, die das Krankenhaus oder die Fachärzte in der Stadt aufsuchen.
BLAU Stadtbewohner, die in ihrer Freizeit hinausfahren: zum Baden, Segeln, Wandern, Laufen, Bergsteigen usw.
BLAU Dorfbewohner, die in ihrer Freizeit in die Stadt fahren: Tanzen, Sport, Kino, Theater, Konzert, Museum, Zoo usw.
GRÜN Gemüse, Obst und andere Nahrungsmittel, die zum Verkauf in die Stadt gebracht werden.
GRÜN Waren, die von den Großhändlern in der Stadt an die Einzelhändler in den Dörfern geliefert werden.
GRÜN Müll, der aus der Stadt zur Mülldeponie geschafft wird.

❶ Was erzählt die erste Karte, was die zweite?
❷ Bei der dritten Karte ist die Zeit nicht angegeben. Welche könnte es sein?
❸ Zeichnet nun selbst solche Karten, z. B. a) für Dienstag, 9–10 Uhr,
b) für Dienstag, 12–14 Uhr,
c) für Dienstag, 18–19 Uhr,
d) für Sonntag, 9–11 Uhr,
e) für Freitag, 23–24 Uhr.
Arbeitet in Gruppen. Zeichnet die Karten möglichst groß auf Zeichenpapier. Dann könnt ihr das Ergebnis der Klasse vorführen (und die Zeit raten lassen!).

Die Dörfer D und E sind **kleine Bauerndörfer** geblieben. Die Dörfer A, B und C aber sind gewaltig gewachsen. Sie sind **Pendlerwohnorte** geworden mit mehr als tausend Einwohnern, mit einigen Geschäften, mit Grund- und Hauptschule, sogar mit ein, zwei Ärzten und Zahnärzten – ähnlich wie das Wohnviertel Kreideberg (S. 174). Durch Bahn oder Bus sind sie eng mit der Stadt verbunden.

In Stebbach 1955

Der neue Dorfplatz mit dem Rathaus
Neue Bauernhöfe außerhalb des Dorfes

Stebbach war einmal ein Bauerndorf

∞ **1** So hat Stebbach sich verändert! Vergleicht die Fotos links oben und rechts.

Stebbach liegt westlich von Heilbronn.
Früher lebten in Stebbach etwa 500 Menschen (100 Familien). Fast alle Familien besaßen Vieh und Land. Fast alle Häuser hatten Ställe und Scheunen. 54 Familien lebten allein von der Landwirtschaft.
Heute hat Stebbach über 1 000 Einwohner (300 Familien). Etwa 450 Männer und Frauen sind berufstätig:
- 30 arbeiten in den landwirtschaftlichen Betrieben von Stebbach.
- 120 arbeiten in anderen Stebbacher Einrichtungen: Rathaus, Post, Bank, Läden, Gaststätten, Tankstelle, Fuhrunternehmen, Kunststoffwerk usw.
- 300 arbeiten auswärts; die meisten fahren nach Heilbronn, 20 km hin und 20 km zurück. Sie sind Pendler. Neben diesen 300 „Auspendlern" gibt es 30 „Einpendler", die aus den Nachbarorten kommen und in Stebbach arbeiten.

Aus dem Bauerndorf ist ein **Pendlerwohnort** geworden. Viele tausend Bauerndörfer in der Bundesrepublik Deutschland haben das gleiche erlebt. In Stebbach ging die Veränderung besonders schnell. In der Zeit 1960–1970 wurden 11 Bauernfamilien „ausgesiedelt": Für sie wurden neue Bauernhäuser außerhalb des Dorfes gebaut. Im Dorf gibt es nur noch 6 Bauernhöfe. Die anderen Familien haben die Landwirtschaft aufgegeben. 75 alte Häuser wurden abgerissen. Dadurch gab es Platz für Grünflächen, für den neuen Kindergarten, für den Dorfplatz, für neue Gebäude usw.

2 Umgrenze auf der Karte die vier Teile des Dorfes: das alte Dorf, die drei Neubaugebiete.
3 Suche auf der Karte S. 172 vier Pendlerwohnorte. Woran erkennst du sie?
∞ **4** Würde euch Stebbach als Wohnort gefallen?

186 Deutschland früher und heute

188 Vom Tiefland bis zu den Alpen

190 Erdteile und Meere, Flüsse und Inseln

192 Die Erde: Staaten und Städte

Und du? Hättest du gewußt, wo Australien liegt? Könntest du Australien auf einer Weltkarte zeigen? Und wenn wir in der Nähe bleiben: Würdest du Köln oder München oder Berlin auf einer Deutschlandkarte finden, ohne lange zu suchen?
Auf den nächsten Seiten kannst du dich selbst testen, wie gut du in Deutschland und auf der ganzen Erde Bescheid weißt.
Im Unterricht werdet ihr diese Seiten nicht alle auf einmal behandeln, sondern immer so, wie es gerade nötig ist.

Deutschland früher und heute

Als eure Großeltern geboren wurden, sah die Landkarte von Deutschland noch ganz anders aus als heute. Deutschland hieß damals **Deutsches Reich**. Die Hauptstadt war Berlin (Karte links oben).

1945 war der Zweite Weltkrieg zu Ende. Deutschland hatte den Krieg verloren. Alle Gebiete östlich der Oder und der Neiße (Oder-Neiße-Linie) wurden unter polnische und sowjetische Verwaltung gestellt. Den Rest teilte man in **vier Besatzungszonen** ein: eine amerikanische, eine britische, eine französische und eine sowjetische Zone (Karte links Mitte). Auch die Hauptstadt Berlin wurde in vier Besatzungsgebiete (Sektoren) eingeteilt.

1949 entstanden die **Bundesrepublik Deutschland** und die **Deutsche Demokratische Republik** (Karte links unten).

1 Drei alte deutsche Landschaften liegen östlich der Oder-Neiße-Linie. Wie heißen sie? Benutze die Karte von 1945.

2 Manche von euch haben Eltern oder Großeltern, die in den ehemaligen deutschen Ostgebieten geboren sind. Laßt euch davon erzählen. Laßt euch die Heimat eurer Eltern oder Großeltern im Atlas zeigen.

3 Aus welchen drei Besatzungszonen wurde die Bundesrepublik Deutschland gebildet? Aus welcher Zone entstand die DDR?

4 Zu welcher Besatzungszone hat dein Wohnort gehört?

Für die nächsten Aufgaben brauchst du die Karte rechts und den Atlas:

5 Die 9 Nachbarstaaten der Bundesrepublik Deutschland heißen:
DK = Dänemark, DDR = ..., CS = ...

6 Die 3 Nachbarstaaten der Deutschen Demokratischen Republik heißen: ...

∞ **7** Aus einer Sportmeldung: „Das Fußballspiel Deutschland—DDR wird heute um 18 Uhr im 2. Programm übertragen." Ist dieser Satz eigentlich richtig?

187

8 Die Bundesrepublik Deutschland hat 10 Bundesländer. Schreibe auf:
I = Schleswig-Holstein, II = ...

9 In der Karte oben sind alle Städte mit Nummern versehen. Schreibe auf:
1 = Kiel, 2 = ..., 3 = ...

10 Wie heißen diese Bundesländer?
a) ... grenzt an die Nordsee und an die Ostsee.
b) ... hat die größte Fläche.
c) ... ist das kleinste Bundesland.
d) ... grenzt im Westen an die Niederlande und im Osten an die DDR.
e) ..., ... und ... grenzen an Frankreich.
f) ... grenzt an Niedersachsen und Bayern.
g) ... hat die meisten Großstädte.

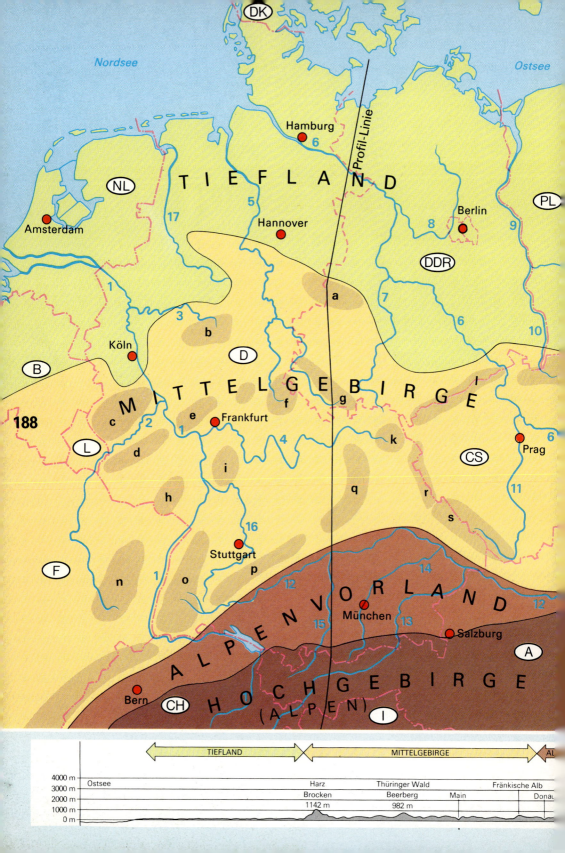

Vom Tiefland bis zu den Alpen

1 Beschreibe die vier Fotos (rechts). Benutze dabei Begriffe wie: zackig, abgerundet, eben, flach, kahl, bewaldet, bucklig, schroff, steil; Schnee, Eis, Felsen, Wald, Grünland, Ackerland ...

2 In welcher der vier Großlandschaften liegt dein Wohnort?

Arbeite bei den nächsten Aufgaben, soweit nötig, mit dem Atlas:

3 Einige Gebirge sind mit Buchstaben bezeichnet (a, b, c ...). Schreibe auf:
a = Harz; höchster Berg: Brocken (1 142 m)
b = Rothaargebirge; höchster Berg: ...
c = ...

4 Die Flüsse sind mit Zahlen bezeichnet (1, 2, 3 ...). Schreibe auf:
1 = Rhein
2 = ...
3 = ...

5 In welchen Gebirgen entspringen die Flüsse?
a) Der Rhein entspringt in den ...
b) Die Mosel entspringt in den ...
c) Die Moldau entspringt im ...
d) Der ... entspringt im Fichtelgebirge.
e) Die ... entspringt im Rothaargebirge.
f) Die ... entspringt im Schwarzwald.
g) Werra und Fulda sind die Quellflüsse der Weser. Die Werra kommt aus dem ...; die Fulda kommt aus der ...

6 Die Zugspitze (2 963 m) ist Deutschlands höchster Berg. Suche im Atlas drei weitere deutsche Berge, die über 2 000 m hoch sind.

Profil von der Ostsee bis zu den Alpen (s. Profil-Linie in der Karte)

Tiefland: ...

Mittelgebirge: ...

Alpenvorland: ...

Hochgebirge (Alpen): ...

Erdteile und Meere, Flüsse und Inseln

1 Kennst du die Erdteile noch auswendig? Schreibe auf:
 I = ...
 II = ...
 III = ...

2 Die Meere sind mit blauen Großbuchstaben bezeichnet. Schreibe zunächst alle Meere auf, die du kennst, und benutze den Atlas erst dann, wenn du nicht mehr weiterweißt:
 A = ...
 B = ... usw.

3 Afrika grenzt im Westen an den Atlantischen Ozean, im Osten an den Indischen Ozean und im Norden an das Mittelmeer. Schreibe ebenso:
 a) Nordamerika grenzt im Westen ...
 b) Australien ...
 c) Europa ...

4 Welchen Ozean überquert man beim Flug
 a) von Europa nach Nordamerika?
 b) von Südamerika nach Afrika?
 c) von Afrika nach Australien?
 d) von Nordamerika nach Australien?

5 Was sagt das folgende Bild aus?

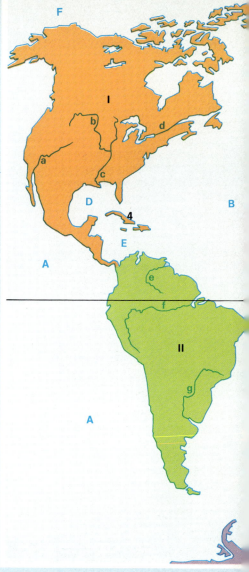

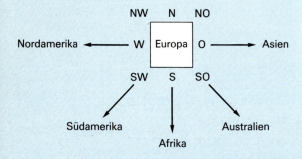

6 Zeichne solche Bilder nun auch für Afrika, für Asien und für Südamerika. Der Globus hilft dir dabei.

7 Auf der Weltkarte sind einige Flüsse eingezeichnet. Der Rhein z. B. trägt den Buchstaben „h". Schreibe auf:

Erdteil	Buchstabe auf der Karte	Fluß
Nordamerika	a	Colorado
	b	...
	...	...
Südamerika		
Europa		
Afrika		
Asien		

Die Blauen Seiten · Die Blauen Seiten · Die Blauen Sei

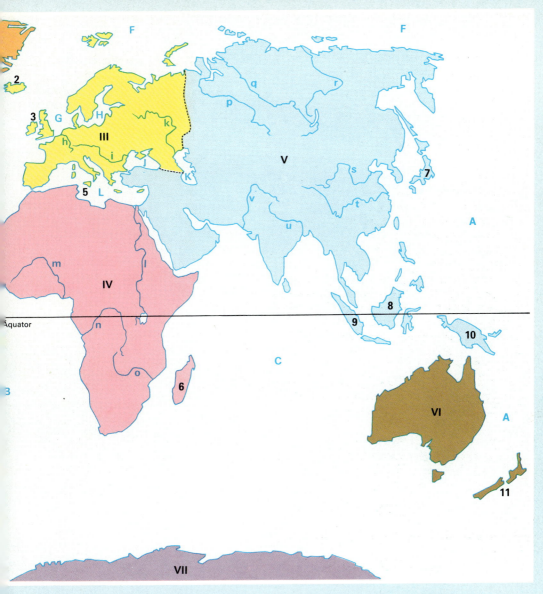

8 Auf der Karte sind zwölf große Inseln und Inselgruppen mit Zahlen bezeichnet: Madagaskar, Neuguinea, Neuseeland (2 Inseln), Sumatra, Honschu (Japan), Britische Inseln (Großbritannien und Irland), Sizilien, Grönland, Island, Borneo, Kuba, Ceylon (Sri Lanka). Schreibe auf:

1	Grönland	zwischen Nordpolarmeer und Atlantischem Ozean
2	Island	im ...

9 Ein Lückentext: Die sieben Erdteile

In alter Zeit kannte man in Europa nur drei Erdteile. Sie grenzen alle an das Mittelmeer: ..., ... und ... Im Jahre 1492 entdeckte Kolumbus ... Erst kurz nach 1600 wurde Australien entdeckt. Und der letzte Erdteil, der den europäischen Seefahrern bekannt wurde, war die ... Heute teilen wir Amerika in zwei Erdteile: ... und ...

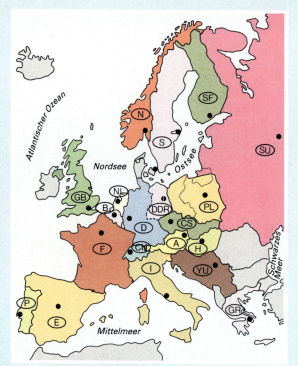

Europa: 20 Staaten und Hauptstädte

Die Erde: Staaten und Städte

1 Zwanzig europäische Staaten wurden für die Karte links ausgewählt und mit den Autokennzeichen bezeichnet. Schreibe auf und setze in Klammern den Namen der Hauptstadt dazu:
N = Norwegen (Oslo)
S = ...

2 Zwanzig große Städte sind in der Weltkarte (unten) eingezeichnet: Berlin, Kalkutta, Bombay, Buenos Aires, Djakarta, Kairo, New York, Paris, Peking, Rio de Janeiro, Kapstadt, Lagos, London, Mexiko City, Montreal, Moskau, Nairobi, San Francisco, Sydney, Tokio.
Trage die Städte in eine Tabelle ein:

Nr.	Stadt	Staat	Erdteil
1	San Francisco	USA	Nordamerika
2	...	...	...

∞ **3** Vergleicht die beiden Karten auf der rechten Seite: Haben die zehn größten Staaten der Erde auch die größten Einwohnerzahlen?

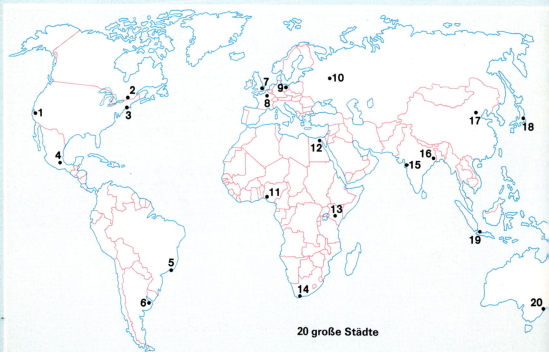

20 große Städte

Die 10 größten Staaten der Erde

4 Stelle zwei Tabellen zusammen:

Die 10 Staaten mit den meisten Einwohnern

Nr.	Staat	Einwohnerzahl	Erdteil
1	China	966 Mio. Einw.	Asien
2	...	...	...

Die 10 größten Staaten

Nr.	Staat	Fläche	Erdteil
1	Sowjetunion	22,3 Mio. km²	Asien u. Europa
2	...	...	...

Die 10 Staaten mit den meisten Einwohnern

Anhang

Sachverzeichnis

Äquator 7, 10, 11, 88, 89
Allgäu 134
Almhütte 48
Alpen 54, 55, 188, 189
Alpenvorland 188, 189
Altstadt 176, 177, 178
Amundsen 70, 71
Antarktis 72, 80
Apfelsinen 146
Äquator 84, 89, 87
artesischer Brunnen 105
Aufsitzerpflanzen 84
Autofabrik 160, 161

Badeferien 34, 35
Bauerndorf 181, 182
Bauernhof 138
Bergbau 148–157
Bergbauernhof 48
Bergsteiger 40–45
Bergwanderer 44, 45
Besatzungszone 186
Bewässerung 108, 109
Binnenhafen 124, 125
Binnenwasserstraße 124, 125
Bohrinsel 162, 163
Bohrturm 163
Börde 132, 133
Brandrodung 90
Braunkohle 152, 153
Bremerhaven 118, 119
Brettwurzelbaum 86
BRT, Bruttoregistertonne 117
Bullenmast 134–137
Burg 170, 171, 178
Bundesrepublik Deutschland 186–188

Chartergesellschaft 127
Chemische Industrie 166, 167
City 176, 177
Container 113

Dattelpalme 105, 109
Deich 24–27, 31
Deltaprojekt 32, 33
Deutsche Demokratische Republik 186–188
Deutsches Reich 186

Djofra-Oasen 100, 101
Dockhafen 120
Dorf 172, 173, 180–183
Duisburg 124, 125

Ebbe 25, 31, 120
Edelholzbaum 86, 87
Eiderstedt 134–137
Eifel 63
Eisenbahntunnel 54
Eisenerz 154–158
Energie 166
Erdbeben 64–67
Erdbebenhilfe 64, 65
Erdbebenvorhersage 67
Erdöl 162–167
Erdölleitung 165
Erdteile 7, 12, 190–193
Erzbahn 156
Eskimo 76–79
Europaschiff 124
Expedition 70

Fahrgastschiff 117
Fangfabrikschiff 38
Felswüste 100, 101
Feriengäste 35
Fischfang 36–39, 81
Flöz 151–153
Flughafen 126–129
Flußdeich 26
Flußoase 104
Flut 120
Frachter 112, 117
Fragebogen 139
Frankfurt 126–129
Fruchtfolge 133
Fudschijama 60, 61
Forschungsstation 72, 73

Gelbfieber 96, 97
Genossenschaft 142, 145
Gewächshaus 140, 141
Ghana 92, 93
Gipfel 48
Gletscherforscher 73
Globus 4–7, 10
Gradnetz 10, 11
Groden 31
Grundwasseroase 104
Grünlandwirtschaft 134–137

Hackbauer 90–95
Hafen 112–115, 118–121, 124, 125
Halligen 28, 29
Hamburg 112–115, 178, 179
Heckfänger 36, 37
Hegau 62
Heimaey 58, 59
Himalaya 42, 43
Himmelsrichtungen 13
Hochgebirge 40–55
Hochofen 158
Hochwasser 25, 120
Höhenlinien 18, 19
Höhenstufen 48–51
Holzfäller 86, 87
Huerta 146, 147
Hüttenwerk 158, 159

Iglu 76
IJsselmeer 32, 33
immergrüner Regenwald 85
Imperial-Valley 109
Industrie 153, 158–161, 166, 167
Industriegebiet 177
Island 39, 58, 59

Jäger 94, 95
Jahreszeiten 50, 51, 76, 77, 85

Kai 113, 114, 118–120
Kakao 92, 93
Kalifornien 108, 109
Kanal 122–124
Karten 4–21
Käserei 136
Kieswüste 100
Kiruna 154
Kleingärten 177
Klimaforscher 73
Knieholz 48
Kolumbus 8, 9, 12
Kompaß 13
Konverter 158
Koog 31
Krill 80, 81
Kufra-Oasen 100, 101, 108
Kunststoff 167

Lehrer-information

GEO GRAPHIE 5/6

AUSGABE B (= NEUBEARBEITUNG)

Die Ausgabe B der TERRA GEOGRAPHIE 5/6 wurde herausgegeben und bearbeitet von

Prof. Dr. Arnold Schultze, Lüneburg
Prof. Dr. Jürgen Bünstorf, Münster
Sonderschullehrer Dipl.-Päd. Wolfgang Jans, Suhlendorf
Realschullehrer Rolf Koch, Landstuhl
Prof. Dr. Eberhard Kroß, Bochum
Realschullehrer Ulrich Schröder, Clenze
Studiendirektor Dr. Christoph Stein, Wolfsburg

unter Mitwirkung der Verlagsredaktion "Geographie, Geschichte, Politische Bildung"
Mitarbeit an diesem Werk: Frithjof Altemüller, Verlagsredakteur

auf der Grundlage des Bandes Geographie 5/6, Ausgabe A, herausgegeben von L. Buck, M. König, K. Mayer†, A. Schultze und A. Vogel

KLETT

28413

Die Neubearbeitung der TERRA GEOGRAPHIE 5/6 (Ausgabe B)

Verlag und Autoren verfolgen mit der Neubearbeitung mehrere Ziele.

1. Seit dem Erscheinen der ersten Ausgabe der GEOGRAPHIE 5/6 im Jahre 1970 und der verbesserten Auflage 1976 sind in den meisten Bundesländern neue Lehrpläne in Kraft getreten. Die Übereinstimmung des Buches mit den Lehrplänen mußte wiederhergestellt werden. Zu diesem Zweck wurden einzelne Kapitel oder Themenblöcke neu aufgenommen, andere wurden gestrichen.

2. Außerdem sollen die wertvollen Erfahrungen, die wir aus der praktischen Schularbeit mit der Erstausgabe haben sammeln können, der Neubearbeitung zugute kommen. So wird man viele kleine und große Verbesserungen entdecken. Meist folgten wir dabei der Devise "Erleichtern und Vereinfachen":

- Mit Blick auf die Lesefähigkeit der Schüler dieser Stufe haben wir die Texte stark reduziert und sie sprachlich vereinfacht. Wir haben sogar versucht, längere Lesestrecken in Bildgeschichten umzuwandeln (siehe Kolumbus), ungeheuer schwierig und reizvoll.
- Das Lesen wird erleichtert durch den Zweispaltensatz und durch unterschiedliche Schrifttypen für Informationstexte, Aufgaben und Quellen. Bestimmte Textpassagen werden durch farbige Unterlegungen und Einkastungen herausgehoben. Wichtige Begriffe sind in halbfetter Schrift gesetzt.
- Die Zahl der Aufgaben wurde reduziert. Den Vorzug erhielten solche Aufgaben, die den Schülern selbständiges, nicht zu kleinschrittiges Arbeiten mit dem angebotenen Material erlauben.
- Mehr als bisher sind Begriffe, Namen und andere Erschließungshilfen direkt in die Fotos und Zeichnungen eingedruckt.
- Viele Abbildungen haben ein ungewohnt großes Format erhalten. Gerade für Kinder dieser Stufe haben sie dadurch wesentlich an Aussagekraft gewonnen.

3. Ein neues Element der Ausgabe B sind die Auftaktseiten. Jedem Themenblock ist eine besonders gestaltete Doppelseite vorangestellt. Sie enthält ein großformatiges Foto sowie die Überschriften des Themenblocks und seiner Kapitel, außerdem einige (möglichst) leicht verständliche Sätze über die Fragestellung und die Intention des Themenblocks. Nicht nur die Lehrer, auch die Schüler (und Eltern) sollen dadurch schon vorweg eine "Idee" vom Inhalt und Zweck der Kapitel gewinnen könne. - Die Auftaktseiten bilden optische Einschnitte; sie machen die Großgliederung des Buches und des Angebots deutlicher.

4. Nach der Abkehr vom länderkundlichen Unterricht waren viele Lehrer unsicher, wie denn nun das notwendige topographische Grundwissen erreicht werden sollte. Wir wollen helfen. Deshalb enthält die Neubearbeitung (zusätzlich zu der Topographie innerhalb der sonstigen Kapitel) spezielle Übungsseiten, die neu entwickelt wurden: die "Blauen Seiten". Sie leiten an zu abwechslungsreichem Karten- und Atlastraining und zum Umgang mit anderen facheigenen Arbeitsmitteln.

Unterricht an exemplarischen Fallstudien oder an Modellen?

Exemplarisches Arbeiten verlangt sehr konkretes Material. Der Autor muß es suchen, in der Literatur etwa, oder er muß es selbst erheben. Das Buch enthält eine Fülle solcher exemplarischer Fallstudien. Davon leben die meisten Kapitel. Exemplarisch, nämlich am Beispiel von Stebbach, begreifen die Kinder den Strukturwandel unserer Bauerndörfer. Neben dem exemplarischen Ansatz aber gibt es einen zweiten Weg, der didaktisch genauso reizvoll ist und bisher wenig begangen wird: der Weg über das Modell. Wir haben einige Pionierarbeit geleistet und hoffen auf Interesse und Nachfolge.

Das Modell ist etwas grundsätzlich anderes als der exemplarische Fall. Der exemplarische Fall enthält eine Fülle individueller Informationen, aus denen das Allgemeine erst herausgearbeitet werden muß. Das Modell dagegen ist eine Darstellung des Allgemeinen selbst, nicht in totaler Abstraktheit, sondern in einer veranschaulichenden Form. Das Modell ist auf das strukturell Wichtige reduziert; alles übrige ist nebensächlich und bleibt unberücksichtigt. Studieren Sie z.B. die Darstellung des "Verkehrs zwischen Stadt und Land" (S. 180/181). Es ist ein Zentralitätsmodell, in mehrere Zeitschichten zerlegt und auf die charakteristischen Verkehrsströme konzentriert. Sowie Sie nun versuchen, in das Modell einzudringen, holen Sie eigene konkrete Vorstellungen und Erfahrungen hinzu. Wenn Sie etwa das Fragezeichen in der dritten Zeichnung lösen, haben Sie die eigene Familie und die vielen anderen Ausflügler vor Augen, die am späten Sonntagnachmittag von der Bade- oder Wandertour heimkehren. Also: Im Vollzuge der Anwendung erschließen sich Modell und Realität wechselseitig. - Und was bedeutet der kleine blaue Pfeil in der ersten Zeichnung?

Man erlebt in der Schulpraxis, daß bei dem exemplarischen Ansatz häufig das Exemplarische zu kurz kommt. Man erlebt, daß die Schüler eine Fallstudie nach der anderen "lernen" müssen. Dabei ist doch der exemplarische Fall gar nicht an sich gemeint, sondern er soll als "Beispiel für etwas" dienen. Auf die Herausarbeitung des Allgemeinen (der Kategorie, der Struktur) und die Anwendung dieses Allgemeinen kommt es an!

Bei dem Modell-Ansatz tritt diese Schwierigkeit nicht auf: Hier ist das Allgemeine selbst dargestellt; der alles entscheidende Schritt der Anwendung ist geradezu selbstverständlich, und genauso selbstverständlich ist in aller Regel der Bezug auf die eigene, heimatliche Situation. Man sollte die Chancen nutzen und dem Modell-Ansatz Geltung verschaffen.

Freilich, die Gestaltung eines Modells ist eine schwierige Aufgabe. Das Modell soll nicht nur der Sache, sondern auch der didaktischen Intention und dem Lernniveau der Schüler gerecht werden. In der Regel sind viele Entwürfe nötig, bis eine Lösung gut genug zu sein scheint. An dem Stadtmodell (Seite 177) z.B. ist monatelang gearbeitet worden. Es hat etwa zwanzig Etappen der Entwürfe, der neuen Ideen, der Überprüfungen gegeben.

Dann war eine Darstellung gelungen,
●die erstmalig genetische und funktionale Elemente gleichermaßen enthält,
●die in wesentlichen strukturellen Merkmalen auf die meisten mitteleuropäischen Städte anwendbar ist,
●die, als Puzzle gestaltet, zu aktivem Umgang mit dem Stadtmodell herausfordert und
●die auch im Horizont der Schüler dieser Stufe sofort als Modell erscheint, ohne daß lang und breit über "Modelle" geredet werden muß.

Einige Stichworte zum Gesamtwerk

Das Unterrichtswerk TERRA GEOGRAPHIE ist in allen drei Bänden nicht als Länderkunde aufgezogen, sondern als Allgemeine Geographie an Beispielen (=Thematische Geographie). Allgemeingeographischer Unterricht läßt sich auf Lernziele ausrichten, Länderkunde nicht! Allgemeingeographischer Unterricht zielt auf geographische Kategorien und das Umgehen-Können mit diesen Kategorien; er zielt auf übertragbares Wissen, das der Schüler operierend erwirbt, um es als Können verfügbar zu haben; er zielt auf Qualifikationen, die als Lernziele bestimmt und beschrieben sind.

Länderkunde dagegen ist jener Zweig der Geographie, der einzelnen Regionen gerecht werden soll, also gar nicht auf Transfer angelegt ist. Nach solchen Einsichten kann Länderkunde nicht mehr das Kernstück des geographischen Unterrichts sein. Trotzdem aber kommen in unserem Geographieunterricht Länder vor: Staaten, Staatengruppen, große und kleine Naturräume, z.B.
- in den topographischen Übungen der Blauen Seiten,

- bei dem Lokalisieren der Fallstudien,
- bei der vergleichenden Behandlung der Weltmächte,
- bei dem thematischen Vergleich der Bundesrepublik und der DDR,
- in den Unterrichtseinheiten über Entwicklungshilfe,
- bei den weltwirtschaftlichen und weltpolitischen Übersichten.

Wir vertreten sogar die Auffassung, daß die Schüler unter anderem die Fähigkeit erwerben sollen, sich über bestimmte Regionen der Erde länderkundlich zu informieren. Dieses Lernziel verträgt sich durchaus mit der Ablehnung der Länderkunde als Unterrichtsprinzip. Der Band GEOGRAPHIE 9/10 enthält das Kapitel "Wie man sich über fremde Länder informiert" (S. 214-219).

Gerade weil es um Können und Handeln geht, pflegt das Unterrichtswerk TERRA GEOGRAPHIE eine prozessuale Geographie in bisher ungewohntem Maße. Man studiere die Inhaltsverzeichnisse der Bände und vergleiche mit den Zustandsbeschreibungen alter Lehrbücher! TERRA GEOGRAPHIE bietet auf allen Stufen Nah- und Fernstoffe, folgt also nicht der pädagogisch und lernpsychologisch überholten Stoffanordnung nach konzentrischen Kreisen "vom Nahen zum Fernen".

Alle wichtigen Lernziele, die nach heutiger Auffassung durch geographischen Unterricht erreicht werden sollen, werden in dem dreistufigen Gang berücksichtigt.

Der dreistufige Gang führt - kategorial aufbauend - von einfachen zu komplizierten Strukturen. Dabei soll die Thematik auf die Interessenlagen der Altersstufen abgestimmt werden. Jede der drei Stufen wird so stark akzentuiert, daß nicht nur die Lehrer, sondern auch Schüler und Außenstehende die Stufenunterschiede auf Anhieb erkennen können. Wir brauchen eine sehr prägnante Stufengliederung - so prägnant, wie es einst die konzentrischen Kreise waren -, wenn wir den Eindruck bloßer Wiederholung und Zeitverschwendung verhindern wollen. Schüler müssen merken, daß es weitergeht! Aus diesem Grunde werden z.B. stadtgeographische Themen nicht auf alle Stufen gleichmäßig verteilt, und die Daseinsfunktion Wohnen wird nicht in allen Schuljahren feingestuft behandelt.

Die drei Stufen des Unterrichtswerkes TERRA GEOGRAPHIE

TERRA GEOGRAPHIE für das 5. und 6. Schuljahr

Weltweite kennzeichnet den Geographieunterricht der ersten Stufe und hebt ihn auch im Bewußtsein der Schüler von dem Sachunterricht der Grundschule ab. Einfachextreme Situationen der weiten Welt sind ausgewählt (Küste, Gebirge, große Städte usw.), und an Beispielen wird demonstriert, wie Menschen sich in diesen Situationen behaupten. Die geographische Vertiefung erfolgt hauptsächlich an geotechnischen Problemen und Lösungen: Schiffstypen - Verkehr über das Gebirge - Jagdgeräte der Pygmäen und der Eskimos - Wie funktioniert eine Schleuse? Welchen Zweck hat sie? Im Zusammenhang des Problems haben Naturtatsachen ihren Platz genauso wie etwa der gesellschaftlich-kulturelle Entwicklungsstand der betreffenden Gruppe. Die Geotechnik der "Naturvölker" erweist sich oft als besonders gut begreifbar und nachvollziehbar.

Der Unterricht dieser Stufe solle die Weltvorstellungen, wie sie die Zehn- bis Zwölfjährigen durch Fernsehen und Lesen entwickeln, geographisch korrigieren und vertiefen. Die Schüler sollen erste Klarheiten über andere Lebens- und Wirtschaftsformen, andere Rassen, andere Klimate usw. gewinnen, um durch Kontrast die eigenen Verhältnisse in den Blick zu bekommen. Sehr früh also soll ein "Weltmaßstab" erworben werden. Ganz anders als die Erdkunde vergangener Jahrzehnte: Durch die alte Stoffanordnung nach konzentrischen Kreisen hat man die naive heimat- und deutschlandorientierte Weltbeurteilung der Schüler verstärkt und damit

nationalistischen Tendenzen in die Hand gearbeitet.
Für die weltweite topographische Orientierung erwirbt und benutzt der Schüler auf der ersten Stufe das einfache globale System der Kontinente und Meere, das durch große Städte, Länder usw. ausgebaut wird.

TERRA GEOGRAPHIE für das 7. und 8. Schuljahr

Für die zweite Stufe sind hauptsächlich Themen und Ziele angesetzt, in denen die Beziehung der Gesellschaft zur Erdnatur eine Rolle spielt. Die Geographie dieser Stufe reicht von den Naturgesetzen, die für den Umgang mit der Erde beachtet werden müssen, bis hin zur Reiseplanung und zur Überwindung von Rassenideologien.
An vielen Stellen zielt der Unterricht direkt auf die Beherrschung von Systemen, Gesetzen, Regeln mit möglichst weitreichender Gültigkeit. Streckenweise herrscht ein geradezu deduktiver "Stil", mit Absicht: Die induktive Methode ist nicht mehr unumstritten, seitdem man begriffen hat, daß mit ihr regelmäßig eine starke Führung durch den Lehrer verbunden ist. Es ist eben nicht wahr, daß der Schüler auf induktivem Weg alles selber finden könne. In der Regel ist es sinnvoller, Kategorien anwendend (operativ) zu erwerben, als sie mühselig zu entwickeln.
Ein Beispiel verdeutlicht den höheren Anspruch der zweiten Stufe gegenüber der ersten: Schon im 5./6. Schuljahr traten Fallstudien aus verschiedenen extremen Klimaten auf; das System der Klimazonen aber gehört erst ins 7./8. Schuljahr.

TERRA GEOGRAPHIE für das 9. und 10. Schuljahr

Für die dritte Stufe, 9. und 10. Schuljahr, werden vorwiegend siedlungs- und wirtschaftsgeographische Themen angeboten.
Das Leitmotiv ist Umweltplanung. Durch Planung (Raumordnung) sorgen Staat und Kommunen für die nötigen Infrastrukturen (Verkehrseinrichtungen, Wasserversorgung, Energieversorgung usw.); durch Planung sollen sie außerdem Gemeinschaftsinteressen gegen Privatinteressen behaupten (Einrichtung von Kinderspielplätzen und Erholungsgebieten, Landschaftsschutz usw.). Planung hat einerseits ökonomische Gesetze, die in raumverändernden Prozessen wirksam sind, zu berücksichtigen (z.B. bei der Standortwahl für Industriebetriebe, im zentralörtlichen Mechanismus usw.); andererseits ist sie immer auch gesellschaftspolitisch orientiert. Daraus resultieren Konflikte! Die Gesellschaftsgebundenheit planerischer Leitbilder erfährt man besonders eindrucksvoll, wenn man z.B. die Agrarplanung in verschiedenen Gesellschaftssystemen vergleicht.
Die Schüler sollen die Planung ihrer Umwelt als wichtigste Gemeinschaftsaufgabe verstehen lernen und später selbst an Planungsprozessen kritisch teilhaben können. Als Bürger sollen sie in der Lage sein, ihre Interessen zu artikulieren und zu vertreten. Sie brauchen dafür die Kenntnis von Planungsproblemen und Planungsabläufen. Reale Planungsfälle am Orte werden unterrichtlich aufgegriffen; fiktive Planungsfälle werden durchgespielt (Planspiele). Solche Verfahren sind notwendig, wenn der Geographieunterricht - über die Vermittlung von Wissen und Einsichten hinaus - Entscheidungsverhalten entwickeln soll: Er muß Entscheidungsfragen aufwerfen und Planungsprobleme zur Lösung aufgeben.
Die dritte Stufe baut auf der zweiten auf: Das große Thema Planung ist dort schon vorbereitet worden, z.B. durch die Kapitel "Reiseplanung" und "Menschen verändern ihre Lebensräume". Außerdem werden die Kategorien, die auf früherer Stufe erworben sind, nun in den komplexen Zusammenhängen vielfach wieder eingesetzt.

Inhaltsverzeichnis

TERRA GEOGRAPHIE 5/6

Arbeit mit Globus und Karte 4

Die Erde ist eine Kugel 6
Kolumbus 8
Die Erde im Gradnetz 10
Übungen an Globus und Weltkarte 12
Wie man sich nach den Himmelsrichtungen orientiert 13
Schüler zeichnen ihren Schulweg 14
Karte und Luftbild 16
Höhen und Höhenlinien 18
Wir messen und rechnen mit dem Maßstab 20

Am Meer 22

Sturmflut 24
Wurten und Deiche 26
Halligen 28
Neues Land aus dem Meer 30
Küstenschutz und Neulandgewinnung in den Niederlanden 32
Badeferien auf einer Nordseeinsel ... 34
Fischfang auf hoher See 36

Im Hochgebirge 40

Zu den Gipfeln der Erde 42
Wandern in den Bergen 44
Die Wetterstation auf der Zugspitze . 46
Höhenstufen in den Alpen 48
Vier Jahreszeiten auf der Alm 50
Lawinen 52
Verkehrswege über die Alpen 54

Vulkane und Erdbeben 56

Vulkanausbruch 58
Schichtvulkane und Schildvulkane 60
Gibt es Vulkane auch in Deutschland? 62
Erdbebenhilfe für Norditalien 64
Wo wird es das nächste Erdbeben geben? 66

Wo die Kälte regiert 68

Wettlauf zum Südpol 70
Forschungsstationen im Eis 72
Polartag und Polarnacht 74
Wie die Eskimos früher gelebt haben . 76
Die Lebensweise der Eskimos verändert sich 78
Nahrung aus dem Südpolarmeer 80

Im Tropischen Regenwald 82

Wälder bei uns und am Äquator 84
Holzfäller im Regenwald 86
Ein Tag im Tropischen Regenwald ... 88
Hackbauern in Nigeria 90
Kakaobauern in Ghana 92
Pygmäen 94
Gefährliche Mücken und Fliegen 96

In der Wüste 98

Mit dem Auto in die Sahara 100
Rätsel der Wüste 102
Oasen 104
Nomaden in Nordafrika 106
Aus Wüste wird Ackerland: Libyen und Kalifornien 108

Schiffahrt und Häfen 110

Frachter löschen ihre Ladungen 112
Hafen Hamburg 114
Kleine und große Seeschiffe 116
Seehäfen 118
Kanäle für Seeschiffe 122
Binnenhafen Duisburg 124
Flughafen Frankfurt 126

Landwirtschaft in Deutschland 130

Zuckerrüben und Weizen aus den Börden 132
Viehbauern in Eiderstedt und im Allgäu 134
Wir erkunden einen Bauernhof 138
Gemüse von der Insel Reichenau 140
Bei Weinbauern an der deutschen Weinstraße 143
Apfelsinen aus Valencia 146

Schätze der Erde - Bergbau und Industrie 148

Im Steinkohlenbergwerk 150
Braunkohlen-Tagebau in der Ville .. 152
Eisenerz aus Kiruna 154
Vom Eisenerz zum Stahl: Hüttenwerke im Ruhrgebiet 158
In einer Autofabrik 160
Erdöl - vom Bohrloch zum Verbraucher . 162
Erdöl, ein wichtiger Rohstoff 166

Stadt und Land 168

Wie unsere Städte entstanden sind ... 170
Städte und Dörfer wachsen 172
Zwei Wohnviertel 174
Ein Puzzle 176
Mit dem Stadtplan in Hamburg 178
Verkehr zwischen Stadt und Land ... 180
Stebbach war einmal ein Bauerndorf ... 182

Die Blauen Seiten 184

Deutschland früher und heute 186
Vom Tiefland bis zu den Alpen 188
Erdteile und Meere, Flüsse und Inseln 190
Die Erde: Staaten und Städte 192

Das Unterrichtswerk TERRA GEOGRAPHIE im Medienverbund

LEHRERHEFT

Für die Hand des Lehrers wird auch zu dem Band TERRA GEOGRAPHIE 5/6 ein Antwortheft (Best.-Nr. 28414) kostenlos zur Verfügung gestellt. Darin sind sämtliche Arbeitsaufträge des Schülerbuches beantwortet. Wo immer nötig, wird über die Antwort hinaus Auskunft über die Zielsetzung des Kapitels gegeben oder wird die didaktische Begründung des vorgeschlagenen Unterrichtsschrittes mitgeliefert.

LESEHEFTE TERRA GEOGRAPHIE

Diese Hefte wurden als Ergänzung zum Unterrichtswerk TERRA GEOGRAPHIE zusammengestellt, sie können aber auch zusammen mit jedem anderen Erdkundebuch benützt werden. Die Titel der ersten acht Hefte entsprechen den Themen des 1. Bandes. Alle Texte sind für die Zehn- bis Zwölfjährigen leicht verständlich. Sie schaffen überall dort eine erlebnisbetonte Szenerie, wo sich das Lehrbuch auf das reine Informationsangebot beschränken muß. Es wurden solche Darstellungen aufgenommen, die Nachdenken provozieren und zur Diskussion anregen können, also Stoff für Unterrichtsgespräche liefern. Die rein sachlichen Texte bieten sich auch für die Gruppenarbeit an.
Die Texte lassen sich ihrer Darstellung nach drei Kategorien zuordnen:
- Literarische Texte namhafter Autoren schildern das Erlebnis der Landschaft.
- Sachtexte beschreiben relevante Erscheinungen nüchtern und präzise.
- Journalistische Texte, aus Zeitschriften und Zeitungen entnommen, informieren über aktuelle Probleme und Entwicklungstendenzen.

ARBEITSTRANSPARENTE TERRA GEOGRAPHIE

Das Aufbautransparent ermöglicht in besonderem Maße, komplexe Sachverhalte in Einzelaspekte auseinanderzulegen und sie auf diese Weise "transparent" zu machen. Andererseits lassen sich aufeinanderbezogene Sachverhalte oder bestimmte Stadien eines Vorgangs einprägsam zusammenfügen. Diese Vorteile werden für die Unterstützung der Arbeit an Themen aus allen drei Bänden des Unterrichtswerkes TERRA GEOGRAPHIE genützt.
Ein ausführlich gestaltetes Beiblatt gibt Auskunft über die Funktion jeder einzelnen Überlage-Folie. Es enthält darüber hinaus genügend methodische Anregungen, damit die Arbeitsmöglichkeiten auch vom ungeübten Lehrer voll ausgeschöpft werden können. Arbeitstransparente gibt es bisher zu Themen des 1. und 2. Bandes, zu den Klimazonen, zur Topographie und als Senkrechtluftbilder von deutschen Landschaften.

-Luftbildsenkrechtaufnahmen-

Aus reichhaltigem Luftbildmaterial wurden in Abstimmung mit Themen des Unterrichtswerkes einprägsame, qualitativ hochwertige und besonders aussagekräftige Motive deutscher Landschaften zusammengestellt. Gegenüber der Wiedergabe als Dia haben diese Transparente für die Tageslichtprojektion den entscheidenden Vorteil, daß am aufgelegten Foto während des Unterrichtsablaufs ständig gearbeitet werden kann. Die Luftbildsenkrechtaufnahmen bestehen aus einer vierfarbigen Grundfolie, Überlagen mit einer Strukturanalyse und Angaben zur Lokalisation. Ein Erläuterungsblatt gibt die notwendigen Hinweise.

-Arbeitsfotos-

Für die Arbeit des Schülers gibt es inhaltsgleiche Arbeitsfotos im Format 26x26 cm. Sie sind hochglanzkaschiert und abwaschbar. Es kann also darauf mehrfach mit Filzstiften gearbeitet werden.

DIAREIHEN TERRA GEOGRAPHIE

Jede dieser Kurzdiareihen behandelt ein eng und klar umrissenes Thema aus den drei Schülerbänden in sechs, neun oder zwölf Aufnahmen. Damit soll ein lernzielorientierter Unterricht im Sinne einer kategorialen Geographie erleichtert werden. Bei der Bildauswahl wurden zwei Forderungen gestellt:
- hohe fotografische Qualität,
- eindeutige sachliche Aussage.

Jedes Bild soll Denken provozieren und zum Verständnis des Gegenstandes einen entscheidenden Beitrag liefern.
Die Beitexte möchten das richtige Interpretieren der Bildinhalte sicherstellen. Sie sind auch für den Schüler lesbar.

KURZFILME TERRA GEOGRAPHIE

Die Arbeitsstreifen Geographie werden entwickelt zu Themen des Unterrichtswerks TERRA GEOGRAPHIE. Es sind Farb-Magnetonfilme Super-8 mm für Spulenprojektoren mit einer Laufzeit von 3,5-5 Minuten. Sie sind gedacht als Bausteine im Unterrichtsablauf. Jedem Arbeitsstreifen liegt eine Filmbegleitkarte bei, die den Lehrer über Ziele, Gestaltung und Szenenfolge des Films informiert und ihm durch Lernzielangaben und zusätzliche Hinweise seine Unterrichtsführung und -gestaltung erleichtert.

Merkmale der Arbeitsstreifen Geographie
- Sie veranschaulichen einen eng umgrenzten Sachverhalt.
- Sie ersetzen die Realanschauung von unbekannten oder schwer zugänglichen Vorgängen.
- Sie bestehen aus Realaufnahmen, die vom Boden und vom Hubschrauber aus aufgenommen wurden.
- Sie vereinfachen komplizierte Sachverhalte durch eingefügte Tricksequenzen.

1. Auflage 1^5 4 3 2   1985 84 83 82 81
Die letzte Zahl bezeichnet das Jahr dieses Druckes.
© Ernst Klett, Stuttgart 1981. Nach dem Urheberrechtsgesetz vom 9. Sept. 1965 i.d.F. vom 10. Nov. 1972 ist die Vervielfältigung oder Übertragung urheberrechtlich geschützter Werke, also auch der Texte, Illustrationen und Graphiken dieses Buches, nicht gestattet. Dieses Verbot erstreckt sich auch auf die Vervielfältigung für Zwecke der Unterrichtsgestaltung - mit Ausnahme der in den §§ 53, 54 URG ausdrücklich genannten Sonderfälle -, wenn nicht die Einwilligung des Verlages vorher eingeholt wurde. Im Einzelfall muß über die Zahlung einer Gebühr für die Nutzung fremden geistigen Eigentums entschieden werden. Als Vervielfältigung gelten alle Verfahren einschl. der Fotokopie, der Übertragung auf Matrizen, der Speicherung auf Bändern, Platten, Transparenten oder anderen Medien.

ISBN 3-12-284130-4

Ernst Klett Verlag, Postfach 809
7000 Stuttgart 1

Küstenmotorschiff (Kümo) 117, 122, 123
Küstenschutz 31–33

Ladenzentrum 174–177
Landgewinnung 30–33
Landwirtschaft 130–147
Langeoog 34, 35
Laubwald 48
Lava 58–61
Lawinen 52, 53
Lianen 84, 86
Libyen 100, 101, 108, 109
Linienmaschine 126
Lohnarbeiter 95
Lothringen 159
Luftbild 16, 17
Luftpost 129
Lüneburg 172–175

Maar 63
Magellan 12
Magma 58, 60
Malaria 96, 97
Maniok 91, 93
Marsch 26–28
Maßstab 20, 21
Massengut 112, 113
Massengutfrachter 117
Mastbulle 134–137
Mehlbanane 91, 93
Milchkuh 134–137
Milchwirtschaft 134–137
Mittelalter 170–172
Mittelgebirge 188, 189
Mitternachtssonne 74, 75
Moskitonetz 96, 97
Motorgüterschiff 124
Mount Everest 42, 43

Nachtluftpostdienst 129
Nadelwald 48
Nebenerwerb 145
Neuzeit 172
Niederlande 32, 33
Niedrigwasser 25, 120
Nigeria 87, 90
Nomaden 106, 107
Nordkap 74, 75
Nord-Ostsee-Kanal 122, 123

Oase 100, 101, 104, 105
Oder-Neiße-Linie 186, 187

Paß 54
Pendler 180–182
Pendlerwohnort 180–182
Pier 118, 121
Polarkreis 75
Polarnacht 74, 75, 156
Polartag 74, 75
Polder 31
Pumpwerk 27
Puzzle 176, 177
Pygmäen 94, 95

Raffinerie 164–166
Reichenau 140
Rotterdam 121, 164
Ruanda 96
Ruhrgebiet 124, 125, 150, 151, 158–161

Saargebiet 159
Sahara 98–108
Sammler 94, 95
San-Andreas-Spalte 66, 67
Sandsturm 103
Sandwüste 100
San Francisco 66, 67
Schichtvulkane 60, 61
Schiffahrt 110–125
Schildvulkane 60, 61
Schlafkrankheit 96, 97
Schleusenhafen 119, 120
Schubeinheit 124
Schutzlage 171
Schutzzone 39
Scott 70, 71
Seedeich 26, 27
Seehäfen 112–115, 118–121
Seeschiffe 112, 113, 114, 116, 117, 122
Seeschiffskanal 122, 123
Selbstversorger 90
Sonderkultur 140, 145
Spezialisierung 134, 140, 144
Sportanlagen 177
Stadt 168–183
Stadtmodell 176, 177
Stadtplan 178, 179
Stahlwerk 158
Stebbach 182, 183
Steigungsregen 47
Steinkohle 150, 151
Straßentunnel 54
Stückgut 112, 113
Stückgutfrachter 117

Sturmflut 24–27
Südpol 70–72
Südpolarmeer 80, 81
Südpol-Expedition 70, 71

Tagebau 152, 153
Tanker 117, 121
Tidehafen 120
Tidenhub 120
Tiefland 188, 189
Tropischer Regenwald 82–97
Tsetse-Fliege 97
Tuareg 106, 107

Untertagebau 150, 153

Valencia 146, 147
Verkehr 110–129, 180, 181
Verkehrslage 171
Verkehrswege 54, 55
Vermarktung 145
Versorgung 78, 79, 90, 175, 180, 181
Viehbauern 134–137
Vollerwerbsbetrieb 144
Vulkane 57–63

Wadi 162
Waldgrenze 48
Walzwerk 159
Watt 31
Weinbau 143–145
Weizen 132, 133
Wetterstation 46, 47
Wildbeuter 95
Winzer 143
Winzergenossenschaft 145
Wohnviertel 174, 175, 177
Wurten 26–28
Wüste 98–109

Yams 91

Zuckerfabrik 132
Zuckerrüben 132, 133
Zugspitze 46, 47
Zuiderzee 32, 33

Quellennachweis

1. R. W. Clark: Die Erforschungsgeschichte der Erde. Maier Verlag, Ravensburg 1964, S. 234 ff. (Auszüge)
2. Verändert nach: W. Flaig, 1955
3. Gekürzt nach: M. Schild, 1972
4. Zeitungsbericht vom 4. 9. 1978
5. Nach Erich Daudert: Scotts letzte Fahrt. Aus: Der Wettlauf zum sechsten Kontinent. Oldenburg: Stalling Verlag, 1964
6. Nach Ann Rutgers: Flucht aus der Polarnacht. Hamburg, Oetinger Verlag
7. Nach Wally Herbert: Eskimos. Menschen im Land des langen Tages. Esslingen 1976
8. R. Guillot: Rotes Holz von Botokro. Herder Verlag, Freiburg 1955. Zitiert nach: Von Erdteil zu Erdteil – Afrika. Diesterweg Verlag, Frankfurt/Main 1966
9. A. Heye: Amazonasfahrt. Müller Verlag, Rüschlikon-Zürich 1950, S. 194 – 196 (Auszüge)
10. Anne Eisner-Putnam: Madami-My eight years of adventure with the Congo-Pigmies. Zitiert nach: Readers Digest, 7. Jg., Dez. 1954, S. 198 ff.
11. Verändert nach: Uwe George, 1976
12. Verändert nach: Hartmut Redmer, 1975

Bildnachweis

Adam Opel AG, Rüsselsheim: 160/161 m
afrique-photo, Paris: 94 re o
Agrar Verlag Allgäu, Kempten: 135 u
Andres, Hamburg: 24 u, 35 m li, 49 li u
Anthony Verlag, Starnberg: 136, 176 C (Löhr)
Atlasco Verlag, 6072 Dreieich: 174
BASF, Ludwigshafen: 166
Bavaria Verlag, Gauting: 44 li o (Hiebelor) 95 (Foto 3 – Wolke)
Bildarchiv Huber, Garmisch: 46 o li, 189 u
Binanzer, Stuttgart: 37
Blank, Blaufelden: 167 o
BP, Hamburg: 162
Brinkmann, Hamburg: 29 li u (Fischer)
Bruce Colemann Ltd., Uxbridge: 87 (Michael Freeman)
Brugger, Stuttgart: 143 o (freigeg. Nr. 2/41224 C)
Bruggmann (mit freundl. Genehmigung des Silva Verlags), Zürich: 102 o re
Bunte Illustrierte, Offenburg: 61 o
Callwey Verlag, München: 170 (aus Karl Gruber: Die Gestalt der deutschen Stadt, S. 57, 160/161)
Christians, Hamburg-Othmarschen: 80, 81 o li
CMA, Bonn-Bad Godesberg: 132 o
Danzer, Reutlingen: 86 o + u
Deutsche Luftbild KG Seelmann, Hamburg: 17 (freigeg. 0/35097), 123 u
Deutsches Wetteramt – Seewetteramt, Hamburg: 101 u (Klimadaten Kufra)
dpa, Stuttgart: 24 m
Eberhardt, Waiblingen: 110/111
Enkelmann, Filderstadt: 152 u, 189 o m
Esso AG, Hamburg: 163 u li
Explorer, Paris: 73 li u
Fanöe, Bockhorn: 121 o
Fischereibetrieb, Bremerhaven: 38
Flughafen AG, Frankfurt/Main: 126, 127 (freigeg. Reg.-Präs. Darmstadt 235/74), 128, 129
Fotohaus Geiger, Flims: 53 li o
Fotri, Alexandria (USA): 73 re u
Free Lance Photographers, New York: 94 li o
Freie Hansestadt Bremen, Büro Bremen Werbung: 119 (freigeg. vom Senator für Häfen, Schiffahrt und Verkehr der Freien Hansestadt Bremen, Nr. WW 80/11052)
Fremdenverkehrsverein, Locarno: 55 li u
Gardi, Bern: 104 o
Gerster, Zumikon: 101 li o, 109 o
Gesamtverband des Deutschen Steinkohlenbergbaus, Essen: 150, 151 u
Hahn, Bopfingen: 58
Hanseat. Luftfoto GmbH, Hamburg: 114 u (freigeg. LA/HMB/3593/77)
Hartz, Hamburg: 112 o
Heinold, Karlsruhe: 141 o re, 142 o
Histoire d'Aujourd'hui, Paris: 65 o
Hoffmann-Burchardi, Düsseldorf: 82/83
Hofmeester, Rotterdam: 32
Holder, Metzingen: 144 m
IMA, Hannover: 130/131, 132 m, 133 o, 141 o li
Internationales Bildarchiv Horst v. Irmer, München: 146 m
Institut f. Schnee- und Lawinenforschung, Davos: 52
Jorde, Wiggensbach: 168 u
Jünger Verlag, Frankfurt: 165
Kallen Arepi, Paris: 65 li u
Kartengrundlagen:
Ausschnitt aus der Topographischen Karte 1 : 50 000, Blatt 3130/3132: 15
Ausschnitt aus der Topographischen Karte 1 : 25 000, Blatt 2929: 16 (mit freundl. Genehmigung des Niedersächsischen Landesverwaltungsamtes-Landesvermessung, 19. 6. 75, B 4-187/75)
Ausschnitt aus der Topographischen Karte 1 : 25 000, Blatt 4011: 21
Ausschnitt aus der Topographischen Karte 1 : 100 000, Blatt C 4310: 21 (mit freundl. Genehmigung des Landesvermessungsamtes Nordrhein-Westfalen, 20. 6. 75/4527)
Ausschnitt aus der Topographischen Karte 1 : 100 000, Blatt C 2310 (1976): 34 (Vervielfältigt mit Erlaubnis des Hrsg.: Niedersächsisches Landesverwaltungsamt-Landesvermessung B 5-267/80)
Ausschnitt aus der Topographischen Karte 1 : 50 000, Blatt 2728 (1978): 172 (mit Genehmigung des Herausgebers: Niedersächsisches Landesverwaltungsamt-Landesvermessung B 5-267/80)
BP, Hamburg: 163 o
Freie Hansestadt Bremen, Büro Bremen Werbung: 118 (Bildplan Bremerhaven)
Karte aus Alexander Weltatlas, S. 54 (Ausschnitt): 100 li
Straßenkarte Schweiz 1 : 250 000: 54 (Wiedergabe mit Genehmigung des Herausgebers: Kümmerly & Frey, Bern)
Kevenhörster, Paderborn: 138
Klett-Archiv, Stuttgart: 63 o, 95 (Bild 2)
Klingwall, Eskilstuna: 81 o re
Kirtz, Duisburg: 124 o
KLM Aerocarto, Den Haag: 33
Koch, Olpe: 45
Krauter, Esslingen: 53 re o + u, 65 re u, 109 m + u
Kroß, Bochum: 49 o re,
Kurverwaltung, Juist: 35 m re
laenderpress, Düsseldorf: 146 o
Landesbildstelle Baden, Karlsruhe: 144 u, 182 o
Landesbildstelle Rheinland-Pfalz, Koblenz: 182 u, 183 o (freigeg. Nr. 4426-5 + 4433-5)